解放创造力的历史使命，已经落在当代中国人民的肩上

解放创造力

THE LIBERATION OF CREATIVITY

易达武◎著

九州出版社
JIUZHOUPRESS

图书在版编目（CIP）数据

解放创造力 / 易达武著. -- 北京 : 九州出版社, 2011.12
ISBN 978-7-5108-1277-4

Ⅰ. ①解… Ⅱ. ①易… Ⅲ. ①社会主义建设－理论研究－中国 Ⅳ. ①D61

中国版本图书馆CIP数据核字(2011)第254984号

解放创造力

作　　者	易达武 著
出版发行	九州出版社
出 版 人	徐尚定
地　　址	北京市西城区阜外大街甲35号（100037）
发行电话	(010) 68992190/2/3/5/6
网　　址	www.jiuzhoupress.com
电子信箱	jiuzhou@jiuzhoupress.com
印　　刷	北京俊林印刷有限公司
开　　本	880毫米×1230毫米　32开
印　　张	7.75
字　　数	173千字
版　　次	2012年1月第1版
印　　次	2012年1月第1次印刷
书　　号	ISBN 978-7-5108-1277-4
定　　价	28.80 元

作者在美国硅谷抱着孙女易蕙写作

爷爷跟我学

我用电脑写作

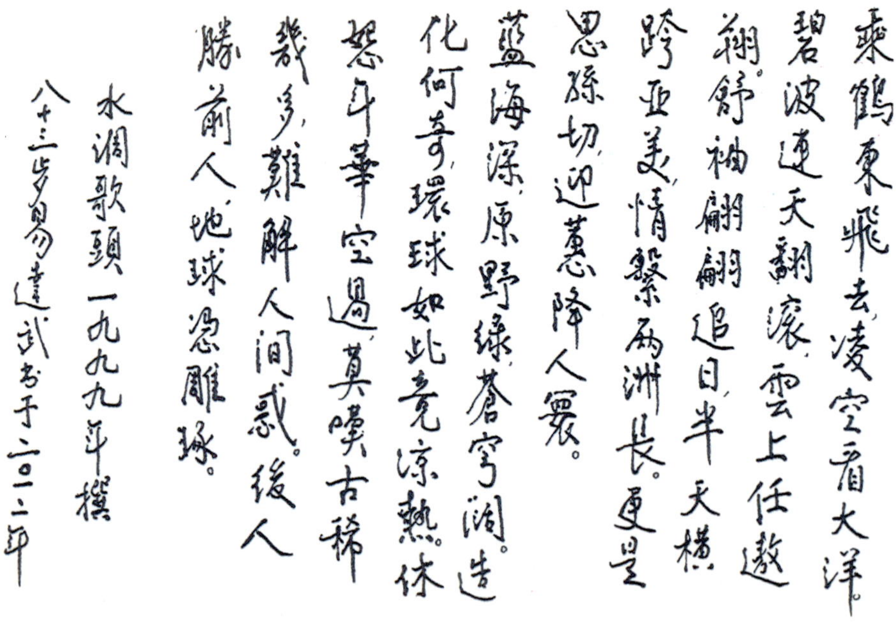
乘鶴東飛去，凌空看大洋。
碧波連天翻滚，雲上任遨
翔。舒袖翩翩追日，半天横
跨亚美，情繫兩洲長。更是
思孫切，迎迓慧降人寰。
藍海深，原野緑，蒼穹闊。造
化何奇，環球如此竟凉熱。休
怨年華空過，莫嘆古稀
幾多，難解人间惑。後人
勝前人，地球恣雕琢。
水调歌頭 一九九九年撰
八十三歲易達武書于二〇一二年

书法作品

前言

解放创造力的历史使命，已经落在当代中国人民的肩上

下面引用的两部分权威文献，十分清楚地告诉人们，解放创造力的历史使命，已经落在中国人民的肩上。

第一部分文献充分表明我国人民的创造力亟待解放。

《科技文摘报》2006年8月29日第1202期，以《99%的企业未申请专利说明什么》为题的文章说：“据国家知识产权局最新调查：我国国内拥有自主知识产权核心技术的企业仅为万分之三，99%的企业没有申请专利，60%的企业没有自己的商标；很多企业处在有‘制造’无‘创造’、有‘产权’无‘知识’的状态，一些企业甚至靠仿造和假冒生存。目前，全国71%的大中型企业没有技术开发机构，2/3的大中型企业没有技术开发活动。2003年企业科技经费支出占产品销售收入的比重仅为1.52%，其中用于新产品开发的支出仅占0.66%。而根据国际经验，企业技术研发投入不应低于销售收入的3%。”不仅拥有自主知识产权的创新成果如此之少，而且自主创新成果转化为生产力的比率很低。2006年8月14日的《市场报》引用中国科学院院士王天然的话说：“我国的科技成果目前正面临着严重的无奈与尴尬：至少有八成左右的成果没有转化，只是被装在评职称的口袋中，锁在装档案的保险柜子里。”“科技成果的闲置，恰恰是对科技人才和资本的双重浪费！”《瞭望周刊》2006年第51期从亚平的文章说，我国的“许多高新技术含量的产品，外商的市场占有率很高，如传真机和摄像机，外商的市场占有率分别为98%和99%；移动电话占到80%。”“我国已开放的产业中，每个产业排

名前五位的企业几乎都由外资控制；在中国28个主要产业中，外资在21个产业中拥有多数资产控制权。近些年跨国公司通过合资、兼并或收购，蚕食了中国众多的知名品牌。我们自己的市场和品牌的丢失，将使我国损失巨大的利益和发展前景，损害了国家的产业安全。”读了这些文章，谁不认为它充分说明我国人民群众的创造力被束缚，是很普遍、很严重的呢？谁不认为我国人民的创造力亟待解放呢？

从上述文章中还可以看到，不仅上述有关管理者、企业决策者的创造力被自己的错误认识和客观因素严重地桎梏了，需要从这种桎梏中解放出来，而且桎梏他们的创造力的东西，通过他们的经营管理，又变成了桎梏他们的企业和员工的创造力的枷锁。企业和员工的创造力，需要从他们的桎梏中解放出来。更为严重的是，这些处在经济竞争第一线的管理者、企业的决策者们，大多数人并不觉得自己有什么创造力被束缚和需要解放，也不觉得自己束缚了企业和员工的创造力。这就使他们不仅要解放自己的创造力，而且只有他们的创造力得到解放，他们的员工的创造力才能得到解放。至于人民群众的解放创造力的意识如何，就得见一斑了。

第二部分文献充分说明解放创造力的使命，已经落在中国人民的肩上。

胡锦涛在2006年6月5日中国科学院第十三次院士大会和中国工程院第八次院士大会上的讲话，更是全面地深刻地说明，解放创造力的历史使命，已经十分紧迫、责无旁贷地落在我国人民的肩上了。胡锦涛说：“国家核心竞争力越来越表现为对智力资源和智慧成果的培育、配置、调控能力，表现为对知识产权的拥有、运用能力。在当代世界科技发展的澎湃大潮中，可以说，谁把握了这些新特点新趋势，紧紧抓住追赶和跨越的机遇，不断增强科技实力特别是自主创新能力，谁就能在综合国力竞争中占据更有利的战略地位。世界主要国家纷纷加快了争夺科技制高点的步伐。世界科技进步迅猛发展及其带来的巨大影响，给我们提出了不能回避、也回避不了的严峻挑战。”“‘功以才成，业由才广。’建设创新型国家，关键在人才，尤其在创新型科技人才。没有一支宏大的创新型科技人才队伍作支撑，要实现建设创新型国家的目标是不可能的。世界范围的综合国力竞争，归根到底是人才特别是创新型人才的竞争。谁能够培养、吸引、凝聚、用好人才特别是创新型人才，谁就抓住了在激烈的国际竞争中掌握战略主动、实现发展目标的第一资源。”“抓紧并持之以恒地培养造就创新型科技人才，是提高自主创新能力、建设创新型国家的必然要求，也是实现国家发展目标、实现中华民族伟大复兴的必然要求。”

他把自主创新的重要性说到这个份上，谁能不深切地感到解放创造力的历史使命，已经十分紧迫、责无旁贷地落在当代中国人民的肩上了呢！

只有用解放的方法才能解放人民群众的创造力

为什么只有用解放的方法才能让人民群众的创造力的作用发挥出来呢？这是因为它符合只有用解放的方法才能解决的社会问题的条件。

用解放的方法才能解决的社会问题的条件是什么？从我能接触到的资料中，还没有见有人说过。但是，从对经历过的解放运动（例如，20世纪70年代末延续至今的思想解放运动）进行琢磨，觉得只有用解放的方法才能解决的社会问题，至少要符合以下三个条件：

一、要有符合下述条件的被解放的对象：1. 它必须是绝大多数人民身上都有的、对社会进步、国家富强、人民幸福具有非常重要意义的积极力量；2.这种力量普遍被主客观因素桎梏着，必须从这些桎梏中解放出来。

二、绝大多数人还没有意识到自己的身上有这种积极的力量，对这种力量被束缚，缺乏自觉意识，只是客观上有实现这种解放的要求。

三、社会历史发展的进程，客观上已经向国家、社会和每一个人提出了实现这种解放的历史使命。经过各级领导和人民的不懈努力，能够实现这种解放。

我国人民的创造力，正好符合只有用解放的方法才能解决的社会问题的条件：

一、我国人民以勤劳、智慧、创造力强享誉世界。

二、我国绝大多数人还没有意识到自己有创造力，更没有意识到有什么创造力需要解放。

三、如前所述，解放创造力的历史使命，已经非常紧迫地落在当代中国人民的肩上。

什么是解放的方法呢？对解放创造力来说，所谓解放的方法，即宣传教育的方法。具体地说，就是用学习有关知识，摆事实、讲道理的方式，探讨有关问题，提高对解放创造力的认识，提高自己解放自己的创造力的自觉性的方法。

本书怎样探讨解放创造力的问题

照理讲，本书名为《解放创造力》，就应当对解放创造力的问题进行全面系统的探讨。但是，本书没有这样做，本书讲的只是我在探讨这个问题时，我觉得对解放创造力来说，是新鲜的、重要的、有益的、必须解决的三个根本问题。即：1.解放创造力，要有一个科学的创造力定义，以证明人人都有创造力，人人都能创新；2.解放创造力，要有一个科学的思维方式，了解解放创造力首先要从改变自己的思维方式入手；3.解放创造力，要树立科学的创造观，以提高自己对创新的认识的起点，不断从中获取创新的动力，增强创新的历史责任感。为什么本书只探讨上述三个问题，而不作全面系统的探讨呢？首先，解放创造力涉及的学科很多，部门很多，我不具备全面系统探讨的条件和能力。再说我年逾八十，也不会有时间作全面系统的探讨了。其次，解放创造力的很多问题，实际上已有有关的专著或有关专家学者和组织解决了，他们虽然没有说他们的工作和成果是解放创造力的，但实际上是直接地或简接地对解放创造力起积极作用的。这些科学成果，这里自然不应重复。而上述三个问题，据我所知，没有人探讨过。

既然不能作全面系统的探讨，为什么还要用要求全面系统的探讨的《解放创造力》做这本书的书名呢？根本原因是我想把解放创造力这个口号叫响，以引起人们对“激发全民族的创新意识”的重视，用努力解放和发展自己的创造力的行动，来响应胡锦涛提出的深入贯彻科学发展观，建设创新型国家的伟大号召。

目 录

第一章

解放创造力，要有一个科学的创造力定义

解放创造力

第一节 解放创造力，要有一个科学的创造力定义

为什么解放创造力，要有一个科学的创造力定义？

一、本书探讨的是解放创造力，创造力是被解放的对象，当然首先要搞清楚什么是创造力，即首先要有一个科学的创造力定义。否则，你对被解放的对象是什么都不清楚，解放创造力岂不是瞎放炮？

二、没有一个科学的创造力定义，你就不知道创造力是什么能力。你连创造力是什么能力都不知道，你怎么知道自己有没有创造力呢？你怎么知道自己的创造力在哪里呢？这样的问题你都不知道，你怎么能去创造呢？ 因此，不知道创造力是什么能力的本身，就是束缚你的创造力的枷锁。由此可见，一个科学的创造力定义，就是解放创造力的利器。

三、你如果不知道创造力是什么能力，或你对创造力的认识不正确，你就不能判断已有的创造力定义是不是正确。在这种情况下，你要是遇到了错误的定义，就很容易信以为真。一旦你对这种错误的定义信以为真，它就成了束缚你的创造力的枷锁。

四、一切错误的创造力定义都是桎梏人们创造力的枷锁。已有的创造力定义，说法五花八门，无非是两类：第一类是人们不自觉地对创造力是什么能力产生了一定的见解，这种见解，实际上就是对创造力下了定义。下面用2004年6月11日《市场报》介绍美国学者迈克尔•米哈尔科著《思考的玩具：商业创新手册》一书的文章来说明。迈克尔说：“关于创新能力，有两种看法很普遍，而且根深蒂固。一是认为创新能力是一种天赋，只有少数人生而有之，如达•芬奇、莫扎特、爱因斯坦等天才人物；二是认为创新是灵感的突然爆发，不期然而产生。这两种看法导致一个结论：创新只是少数人能干的事情，而且没有章法可循，因此无法通过学习获得。”在这

段话中说得很普遍的两种看法，就是人们自觉或不自觉地对创造力下了两种错误定义。第二类是专家学者给创造力下的定义。例如，编词典的专家学者给创造力下的定义。有的编词典的专家学者虽然没有给创造力下定义，但是，他们给有关创造力的词，如创新、创造、聪明、智慧之类的词下定义时，自觉或不自觉地、潜在地给创造力下了定义。

不论是谁给创造力下的定义，如果定义是正确的，必定符合实际，对解放创造力起积极推动的作用。如果定义是错误的，那它就必定是桎梏人的创造力的枷锁。一切错误的创造力定义都是桎梏人们创造力的枷锁。

错误的创造力定义是怎样成为桎梏人们创造力的枷锁的呢？先说人们不自觉地对创造力是什么能力产生错误的见解（即定义），是怎样成为桎梏人们创造力的枷锁的。 以迈克尔说的人们很普遍地对创造力下的两种错误定义为例来说明：

第一种定义认为，创新能力是一种天赋，只有少数人生而有之。这种观点之所以会成为束缚人们的创造力的枷锁，是因为：1. 如果是有创造成果的人持这样的观点，他就可能以自己有这种天赋能力而自豪，并认为没有创造成果的人，没有创新的天赋，不可能作出发明创造。持这种态度的人，就不可能去做解放人民群众的创造力的事情，有的甚至可能看不起他认为没有这种天赋的人，成为解放人民群众创造力的绊脚石。2. 如果是没有创新经验的人持这种观点，就会认为自己没有创新的天赋，不是能搞创新的料。这样，他们自然就不会去搞创新。他们的创造力就这样被这种定义桎梏了。

第二个定义认为，创新是灵感的突然爆发。这种观点实际上是说，只有灵感才是创新能力；只有能产生灵感的人，才有创造力。这种观点也是从两个方面桎梏人的创造力：1. 如果曾经因产生过灵感而作出过发现发明的人持这种观点，就有可能认为，没有灵感，就不可能创新。没有作出过发现发明的人，都是因为没有灵感，不可能创新。这样的人自然不会做解放群众创造力的工作，有的人甚至有可能看不起他认为没有灵感的人，成为解放群众创造力的障碍。2.如果持这种观点而又没有创造经历的人，就会以自己没有创新灵感为由，不去创新。这种观点就是这样给人们套上了桎梏自己的创造力的枷锁。

其实，迈克尔说的这段话中，还包括第三个错误的定义。即：创新没有章法可循，无法通过学习获得。持这种观点的人实际上认为，创新能力是一种天赋，只有少数人生而有之。即便是自己想创新，甚至是羡慕有创新的人，无奈创新没有章法，无从学起。这种观点，就是这样驱使人们不搞创新，还心安理得。

人们自觉或不自觉地给创造力下的错误的定义还有很多。无论哪种错误的定义，都能作上述那样的类似的分析，说明它们都是桎梏人们创造力的枷锁。因此，要有一个科学的创造力定义，帮助人们的创造力从这种枷锁中解放出来。

下面就用一些权威性的创造力定义或潜在定义，来进一步说明一切错误的创造力定义都是桎梏人们创造力的枷锁，来说明给创造力下一个科学的定义，对解放创造力的重要性。

第二节 遭遇词典（一）

“创新”“创造”定义存在的问题。

下面通过对几种词典给创新、创造下的定义和这种定义中潜在地给创造力下的定义的探讨，来说明解放创造力确实需要一个科学的创造力定义。

原以为搞清创造力是什么能力、给创造力下个定义，是很简单的事情。不就是一个名词概念吗？查一下词典，看看词典是怎样给创造力下定义的，按照词典的解释去理解，不就可以了吗？于是我打开案头的《新华词典》。可是一查这本词典，没有创造力词条，却有创新和创造词条。又想，这种词典为什么没有创造力词条呢？是不是编撰这种词典的专家学者不知道有创造力这个词，才没有创造力词条的呢？仔细一想，觉得不对。因为词典编撰者都是释词的专家，创造力是使用非常广泛的词，他们不可能不知道这个词。那么，是什么原因使这种词典没有创造力词条呢？想来想去，觉得只有一条理由可以说得通，就是这些词条的编撰者认为，词典中有创新和创造词条，人们很容易从创新词条推论出，创造力就是创新的能力；或从创造词条推论出，创造力就是创造的能力。没有必要再另设创造力词条了。这就是他们给创新、创造下的定义中，潜在地给创造力下的定义。他们这么做，开始时觉得还可以。再仔细一想，又觉得不妥，因为它没有回答创造力是什么能力的问题。于是进一步想从这两个词条的定义中去找答案。这两个词条的定义是：

［**创新**］抛弃旧的，创造新的。

［**创造**］创立新的事物。

仔细推敲这两个定义，发现这样的定义，不仅没有说明创造力是什么能力，而且通过这样的定义来了解创造力是什么能力，还会带来更多的问题。

转而又想，《新华词典》如此，别的词典不一定如此。于是在2004年深秋的一天，去石家庄图书大厦查了正在出售的四种词典。看到它们也没有创造力词条，只有创新和创造词条。把五种词典的创新和创造定义进行对照比较，又发现这些定义的含义，并不一致，有相左之处；不仅不能正确表达创新和创造的本质，而且用这些词典定义去推论创造力是什么能力，不仅不能得到正确的定义，还会推论出违背常理的结果。这时我才意识到，本来是想走捷径，从词典中找到创造力是什么能力的答案，可是，捷径没有走成，必须自己去进行探索，而且发现，这些创新和创造词条定义存在的问题，还成了我探索创新和创造的本质、探求创造力的科学定义、探讨解放创造力问题时，必然要与之商榷的问题。我与这些词典的创新和创造词条狭路相逢，不可避免地要和这些词条打一场笔墨遭遇仗了。

为了叙述简便，也为了方便读者一起探讨和鉴别，我把每种词典编个代号。把代号、词典名称及其有关出版事项、创新、创造和创造力词条，制成表1于下。

表1:

代号	词典名称	创新定义	创造定义	创造力定义
1	《现代汉语规范用法大词典》1997年5月1版	抛开旧的，创造新的	抛开旧的，创立新的（或东西）	无
2	《新华词典》2001年修订版	抛弃旧的，创造新的	创立新的事物	无

代号	词典名称	创新定义	创造定义	创造力定义
3	《现代汉语词典》2002年增订本2003年北京版	抛开旧的，创造新的	想出新方法，建立新理论，做出新成绩或新东西	无
4	《新现代汉语双语词典》2004年2版	创造新的，丢弃旧的	想到或创立新的事物	无
5	《新华汉语词典》2004年5月版	创造新的，从而抛开旧的	想出新的方法，建立新的理论，做出新的成绩	无

既然是从创新和创造定义入手来探讨创造力是什么能力的问题，就要先把创新和创造两个概念有没有实质性的区别，先交代一下。这两个概念在本质上没有区别。如果说有什么区别的话，那就是在有些场合下，用创新比较习惯和顺口，在另一些场合下，用创造比较习惯和顺口。例如说“创造力”就比说“创新力”要习惯和顺口。

上述五种词典的创新和创造定义，有五个问题需要商榷。

第一个问题　词义相左

在这些词典中，同是创新或创造，但在定义的表述上有三个相左之处：

一、五本词典的创新定义，对“旧的”有“抛开”“抛弃”、

“丢弃”三种表述。其中的“抛弃”和“丢弃”的含义在本质上是相同的，都是不要旧的了，把旧的扔掉的意思。“抛开”的含义则与它们不同，是把“旧的”抛在一边的意思，“旧的”还是和“新的”同时存在。如果上述解读没有歪曲这些定义，说“抛开旧的”就和说“抛弃（丢弃）旧的”的词义就相左了。

二、在1号、2号、3号词典的创新定义中，把“抛开（抛弃）旧的”放在“创造新的”的前面，一般都会理解为：只有先抛开（抛弃）旧的，才能创造新的；而4号、5号词典则把 “丢弃（抛开）旧的”的放在“创造新的”后面，一般都会理解为创造出新的后，必定要丢弃（抛开）旧的。如果上述解读符合这些定义的原意，那么，1号、2号、3号词典的创新定义的含义，就和4号、5号词典的创新定义相左。

三、在创造定义中，1号词典表述为“抛开旧的，创立新的（或东西）”，一般都会理解为要创造新的，必须先抛开旧的。其余四种词典则不同，没有“抛开旧的”的表述。其余四种词典与1号词典的这种不同，或是表明创造不存在“抛开旧的”的问题，或是表明不把旧的抛开，也能创造新的。如果这样的解读符合这些定义的原意，那么，1号词典的创造定义的含义，就同其余四种词典的定义的含义相左。

同为创新和创造词条，在定义中出现上述词义相左，就必定产生以下害处：

一、损害我国语言文字的纯洁性。对一个国家来说，特别是对我们这样的发展中的大国来说，不可能只有一种词典，是可以多种词典并存的；不同的词典对同一个词的定义，是可以有不同的表述的。但是，必须强调的是，由于一种文字中的每一个词的含义是一定的，各种词典对同一个词的定义的表述，在词义上是不能相左的。只有这样，对同一事物才能有共同的认识，才能形成能相互交流的语言文字，才能保持语言文字的纯洁性。可是，这些词典中对创新和创造词条的上述相左之处，就会造成人们对同一个词（事物）的理解和表达上的混乱，损害我国语言文字的纯洁性。

二、既然是词义相左，就不可能每种说法都是正确的。真理只有一个，最多只能有一种说法是正确的，也有可能这些定义的表述都是错误的。如果有一本词典的说法是正确的，那么，读者面对的都是释词的权威词典，他们怎样判断其中的哪一本词典是正确的呢？例如，我们想通过这些创新或创造定义来了解创造力是什么能力，用哪一本作根据才对呢？如果这些定义的表述都是错误的，那么，读者又怎么能知道它们都是错误的呢？

三、词典是读者最有权威的老师。不同词典在同一个词的词义上，发生了上述歧义，让读者莫衷一是，有损词典在群众中的威信。

此外，这里要说明一下，表中的五本词典的创造定义，除1号词典有“抛开旧的”外，1号、2号、4号词典的表述，基本上是一样的，都是创立新的。3号、5号词典的表述，虽然在字面上和其他三本词典的表述有很大的不同，但所表述的内容，如新方法、新理论、新成绩等，都可以用新事物来代替，也都可以用创立新的来概括，故不与词义相左。

还有，五本词典的创新定义，都用“创造新的”来表述什么是创新，1号词典用“创立新的（或东西）”来表述什么是创造。从语法上来看，这些表述没有什么不对。因为读者都能根据语言常识知道，在“新的”后面，省略了“事物”或“东西”二字，都会像2号词典的创造定义说的创造就是“创立新的事物”那样去理解创新，创新就是创造新的事物。创造定义中用“创立”二字，而不用“创造”二字，是为了避开与创造词目中的“造”字雷同。由此可见，创新和创造在本质上没有什么不同，都是创造（立）新的事物。创造新的事物中的“的”字是可以省略的，可以说成创造新事物，或创立新事物。

第二个问题 “新事物”有讲究

用“创造（创立）新的（事物）”来表述创新或创造是不准确的。要正确认识什么是创新和创造所创立的新事物，必须对事物、广义的新事物、狭义的新事物三个概念进行区分。

事 物

既然创新和创造是创造（立）新事物，那么，首先要把什么是事物搞清楚。一般地说，事物是指一切物质及其形态、结构、属性、运动形式、运动规律和精神领域的一切思想、理论、观念及其表现形式，以及方法、技术等，不论是全体还是个别，是整体还是局部，是已有的，还是新产生出来的，都可以用事物一词做代称。由此可见，事物是宇宙中一切物质的和精神的东西的代称，是一个涵盖一切的概念。

广义的新事物

在新事物这个概念中，有两个本质不同的新事物，一个是广义的新事物，另一个是狭义的新事物。

先说广义的新事物。一般地说，是指在一定的时间和范围内，原来没有的事物出现了，原来不知道的事情知道了，不论是不是创造出来的事物，也不论是大事还是小事、有用还是无用、好事还是坏事，人们都会把它说成是新事物。这种新事物就是广义的新事物。广义的新事物是一个涵盖非常广泛的概念。例如，张三没有手机，今天他买了一个，张三就会认为这是自己的新事物。张三身边的熟人，第一次知道他买了手机，也会认为这是张三的和他们中间的新事物。神舟5号飞船载着宇航员杨利伟飞向太空又回到地球上，第一次实现了中国人民的千年飞天梦想。这个消息一经播出，就立即成了当时世人瞩目、华人自豪的新事物。高官违法乱纪，搞腐败，被查处法办、企业制假售假坑人害人、学校招生腐败等坏事，一经曝光，也就无不成为当时街头巷尾、人们深恶痛绝、议论纷纷的新事物。

诸如上述这类新事物，是广义的新事物。

狭义的新事物

一、什么是狭义的新事物

狭义的新事物是专指创新和创造所创立的新事物。它和广义的新事物不同。一般地说，它至少要符合以下三个条件：

（一）必须是首创的成果（新事物）。创造成果的本意指的是世界的首创，现在把它延伸为国家、或地区、甚至是单位的首创。这是因为：第一，在当代，国家与国家之间，在经济、政治、军事等领域，存在着非常激烈的竞争。在一个国家之内，地区与地区之间，企业与企业之间，也存在着激烈的经济竞争。在这种竞争中，相互之间，对自己的创新成果，不是采取严格的保密封锁，防止竞争对手获得这种创新成果，就是实行专利垄断，让竞争对手得不到这种创新成果，或为获得这种创新成果付出沉重的代价。面对这种情况，如果别人有某种重要的创造成果自己特别需要，买又买不来，或是买不起，怎么办？唯一的最好的选择，就是自己去创造，创造出有自主知识产权的成果来突破封锁和垄断。第二，最重要的是获得的这种成果，不是抄袭别人的，而是地地道道地靠自己的力量创造出来的。我国各级领导者，在号召人们创新时，不仅号召人们要搞世界首创成果，同时，又号召各行各业的人们，不要拘泥于世界首创，要多层次地开展创新活动，搞出能填补国内空白、地方空白、单位空白的创新成果。获得这种成果当然也是创新和创造，也应当鼓励和奖励。例如，“两弹一星”，是别的国家先搞出来的。这类成果和技术是绝对买不来的。对我国来说，没有它还真不行。怎样才能有这样的东西呢？唯一的办法就是自己去创造。我国自力更生地把它创造出来了，而且创造得又快又好，谁能说这不是有自主知识产权的创新或创造呢！

（二）它必须经得起社会实践和科学实验的检验，不能造假。

（三）它能丰富人类的物质和精神文明，或是具有科学研究的价值。

二、狭义的新事物有两类：一类为发现，即客观上存在的事物或规律，人们不知道它的存在，第一次被人们知道了，即科学发现。例如，牛顿发现万有引力定律，居里夫人发现铀，马克思恩格斯发现社会发展的基本规律等。另一类是世界上没有的事物，第一次被人创造出来了，即技术发明。例如，我国古代的指南针、火药、纸、印刷术等四大发明，瓦特发明蒸汽机、爱迪生发明了留声机、我国的“三下乡”、“希望工程”、“手拉手”“心连心”活动等。这就是说，狭义的新事物就是科学发现和技术、方法、产品的发明。

三、创新和创造的本质

我国到了20世纪末，国家领导人讲创新和创造及其重要意义，比过去讲得更多、更深刻、更全面了。从他们讲的创新和创造两个词中，从国家机构、研究单位、生产单位落实他们讲的创新和创造的要求中，可以明确地看到，创新和创造的本质，就是要创立狭义的新事物，就是要获取有自主知识产权的发现发明成果。国家主席胡锦涛2006年6月5日《在中国科学院第十三次院士大会和中国工程院第八次院士大会上的讲话》中说："古往今来的科技创新实践都表明，创新型科技人才是新知识的创造者、新技术的发明者、新科学的创建者，是科技新突破、发展新途径的引领者和开拓者，是国家发展的宝贵战略资源。"胡锦涛的这些讲话中所说的创新和创造的含义是什么呢？毫无疑问，指的就是要创造狭义的新事物，就是要作出有自主知识产权的发现和发明。由此可见，创新和创造的本质，就是要作出发现和发明。如果一点发现或发明都没有，就不能叫做创新或创造。

这些词典的创新和创造定义所说的"新的（事物）"，并没有表明它说的新事物就是狭义的新事物，就是发现和发明。因此，这样的定义没有抓住创新和创造的本质，是不准确的。

但是，人们使用新事物这个词时，狭义的新事物和广义的新事物还是有一定的关联的：广义的新事物包括狭义的新事物，人们也会把狭义的新事物看成广义的新事物。但是不是一切广义的新事物都能成为狭义的新事物。狭义的新事物仅仅是广义的新事物中的一个特殊的组成部分。

什么是能反映创新和创造本质的定义，放在"第四个问题：'抛开（抛弃、丢弃）旧的'值得推敲"之后说。

第三个问题　自己证明自己、答非所问

上述五本词典的创新定义说，创新就是"创造新的，抛弃旧的"。1号词典的创造定义说，创造就是"抛开旧的，创立新的"。这些定义中的"抛弃旧的"的问题，放在第四个问题中专门探讨。这里先探讨用"创造新的"、"创立新的"来表述创新和创造和用

它推论出来的创造力定义，都是用自己来证明自己是什么的答非所问的定义。

为什么说这些词典的创新和创造的定义是自己说明自己是什么，用自己来证明自己是什么，没有回答创新和创造是什么的问题呢？先要搞清楚什么是自己说明自己是什么，什么是用自己来证明自己是什么。举个例子来说明：如有人问孙中山是什么人？回答说，孙文或孙逸仙就是孙中山，或者回答说，孙中山就是孙文或孙逸仙。像这样用一个人的三种称呼，来说明孙中山是什么人，就是自己说明自己是什么人，用自己来证明自己是什么人。这种方法，根本不可能帮助人们认识孙中山是中国民主革命的伟大先驱这个特有的本质。同样，这些词典写的创新和创造词条中的“创新”“创造”“创造新的”“创立新的”也是同一个事物的四种叫法。用“创造新的”或“创立新的”来说明什么是“创新”或“创造”，就像说孙文或孙逸仙就是孙中山，或说孙中山就是孙文或孙逸仙一样，是用自己说明自己是什么，用自己来证明自己是什么，没有回答创新和创造是什么的问题，不能帮助人们认识创新和创造的本质。

再看用这些词典的创新和创造定义来推论创造力是什么能力，推出的结果是：创造力是创新的能力，或创新的能力是创造力。这也是自己说明自己、自己证明自己是什么，是答非所问。

造成这些词典的创新、创造定义，以及由这种定义推出来的创造力定义是答非所问的原因，是词条撰写者没有搞清楚这些词的定义应当说明的东西是什么，他们混淆了本质上不同的两种问题：一种是创新是什么？创造是什么？创造力是什么能力？另一种是干什么叫创新？干什么叫创造？创造力是干什么的能力？或干什么要用创造力？作为词典给创新、创造、创造力下定义，要回答的问题应当是前者，不是后者，而这些定义却回答为后者。这样的创新、创造、创造力定义，自然就不能反映其本质，而是答非所问了。

第四个问题　“抛弃（抛开、丢弃）旧的”值得推敲

为了文字简洁，推敲时，把“抛开”、“抛弃”、“丢弃”三种说法，全用“抛弃”来代表。下面从三个方面来推敲：

一、是“不破不立”“立而后破”的翻版

五本词典的创新定义和1号词典的创造定义中说的两种新旧关系，存在以下两个问题：一个是1号、2号、3号词典的创新定义、1号词典的创造定义，把“抛开（抛弃、丢弃）旧的”放在“创造（创立）新的”的前面，表明这些词条认为，有新的必有相对应的旧的，新的容不得旧的，只有抛弃（抛开）旧的，才能创造（创立）新的。这不就是我国20世纪50年代后期，到70年代中期常说的“不破不立”、“破字当头，立在其中”的翻版吗？另一个是4号、5号词典的创新定义，把“抛开（丢弃）旧的”放在“创造新的”的后面，表明这两个词条认为，有新的必有相应的旧的，新的容不得旧的，必定是先创造出新的，而后抛开（丢弃）旧的。这就是“立而后破”了。

无论是“不破不立”“破字当头，立在其中”，还是“立而后破”，都不是创新和创造的普遍本质，都不是普遍真理。在创新和创造的定义中，写进不是反映其普遍本质的东西，是不科学的。

二、这些词典的创新和创造定义，犯了“天鹅皆白”的错误

创新和创造是不是像这些词典的创新和创造定义说的那样，存在“抛弃旧的，创造新的”和“创造新的，抛弃旧的”这样的两种新旧关系呢？实际情况是，有一部分创新和创造，有这样的新旧关系。但是，有更多的创新和创造，就没有、甚至不可能有这样的新旧关系；或是有某种新旧关系，但不是这些定义中说的那种新的容

不得旧的、要抛弃旧的的新旧关系。这就表明，这些定义犯了以偏赅全的“天鹅皆白”的错误。

首先，要承认的确有“白天鹅”。

不论是自然科学还是社会科学，都存在创新和创造定义中说的新旧关系。

在自然科学领域中，例如，公元前三百多年，古希腊学者亚里士多德曾提出自由落体定律：“物体越重，下落越快。”这个定律，到公元2世纪，由于亚里士多德的“地心说”符合地球是宇宙中心、上帝在宇宙中心的说教，他的学说就成了基督教的教义。在中世纪欧洲政教合一的宗教神权统治时期，上述定律也就成了神圣不可侵犯的东西。到1587年，荷兰学者斯特文通过实验，证明了上述定律是错误的。但他慑于教会的迫害，不敢公布这个实验结果。后来，意大利实验物理学大师伽利略用推理的办法，证明上述定律自相矛盾，因而是错误的。他设a、b、c三物体，a比b重，a和c等重。然后进行以下推理：1. a物和b物等高同时自由下落，按照上述定律推论，则是a物先落地，b物后落地。2. 把c物和b物捆在一起，和a物等高同时自由下落，自相矛盾的结果就出现了：①按照上述定义来推论，c物和b物捆在一起，比a物重，把它和a物等高同时自由下落，则捆在一起的b物和c物应先落地，a物后落地；②还是按照上述定律，c物和b物捆在一起，与a物等高同时自由下落，则捆在一起的c物拉着b物要下落快，b物则拖住c物，使它比a物下落慢，这样，b物和c物捆在一起的物体下落速度，比a物慢，应是a物先落地。用同一个定律推出这样两个自相矛盾的结果，证明了这个定律本身就是错误的。伽利略不仅作了上述证明，1590年的一天，他以“怕，真理就没有出头之日”的大无畏精神，当着比萨大学的老师和学生，登上比萨斜塔的第七层阳台上，把两个重量相差10倍的铁球，等高同时自由下落。大家看到的结果是同时落到地面。就是这样否定了“物体越重，下落越快”的观点。后来，伽利略通过小球滚动实验，发现了自由落体定律。伽利略的上述发现，既可以说是“创造新的，抛弃旧的”，又可以说是“抛弃旧的，创造新的”。

在社会科学领域也有这种情况。例如，我国社会主义初级阶段的基本路线的创立，无疑是了不起的创造。它同以阶级斗争为纲、无产阶级专政下继续革命的理论的关系，无疑是新旧关系。这种新旧关系，既可以说是“创造新的，抛弃旧的”，又可以说是“抛弃旧的，创造新的”。

以上事实表明，确实存在创新和创造词条定义说的这种情况。但是，这里要强调的是，上述新旧事物的关系，一定是抛弃旧的，绝对不是抛开旧的。

其次，更为重要的是，要承认除了“白天鹅”之外，还有大量的“黑天鹅”。

词典给词下的定义，对词所指的事物，应当具有普遍性。大量的创新或创造，并不是这些词典定义说的 “抛弃旧的，创造新的”或“创造新的，抛弃旧的”那样具有普遍性。如同世界上不仅有白天鹅，还有大量的黑天鹅，因此，说“天鹅皆白”，就犯了片面性的错误。不仅如此，还会推论出荒诞无稽的问题。下面举三个方面实例来证明。

第一个方面：从无到有、从不知到知的创新和创造，不可能存在创新和创造定义中说的新旧事物关系。

这里举三类不同的实例：

第一类，从不知到知的物质发现，不存在抛弃旧事物的问题。

19世纪最后几年，法国物理学家居里夫妇先后发现了铀、钍、铍、镭等放射性元素。这些发现，毫无疑问，都是响当当的创新或创造。但是，这些创新或创造，用这些词典的创新和创造定义中说的“创造新的，抛弃旧的”来解读，就讲不通。

1. 从“创造新的”中的“新的”来解读居里夫妇发现这些元素，看这些定义中“抛弃旧的”的不合理。

在这里“创造新的”中的“新的”能作两种解读，词典没有说是哪一种，只好分别来解读：

第一种“新的”即大自然创造了这些元素。在这些元素生成时，它们成为世界上的新事物。常识告诉我们，新和旧，在时间上，总是先有旧的，后有新的。联系这个常识和这种“新的”的含义，来解读居里夫妇发现的这些元素，就会引出以下解释不了的问题：①这些元素是地球的组成部分。它们是在地球生成过程中产生的。它们在地球上已经存在了几十亿年了。如果这些元素生成为新事物时，真是“创造新的，抛弃旧的” 的话，那么，这种旧事物早在地球和这些元素生成前就已经存在了。谁能证明，那时就有这种旧事物存在？②退一步说，有这种旧事物存在，那么谁能说清这种旧事物是什么？它在哪里？它是怎样产生的？③这些元素是怎样“抛弃旧的”的？④它与居里夫妇发现这些元素何干？

第二种“新的”即居里夫妇发现这些元素时，这些元素被人们看成新事物。本来，这些元素早在几十亿年以前就在地球上存在了，无所谓新不新，旧不旧，只不过是人们不知道它们的存在罢了。这些元素之所以成为新事物，仅仅是指居里夫妇发现了它们，解决了人们从不知到知的问题，人们才视它们为新事物的。因此，这种新事物并不是新产生的新事物，仅仅是在人们的观念中认为它们是新事物。如果用“创造新的，抛弃旧的”来解读这种新事物，就能引出以下解释不了的问题：①人们视它们为新事物的观念，能不能产生与这些元素对应的、并为之抛弃的旧事物呢？除了傻瓜，谁都知道绝无这种可能。②退一步说，即便是人们视它们为新事物的观念，能产生这些元素对应的、并为它们抛弃的旧事物，那么，这种旧事物是什么？是怎样产生的？是怎样被这些元素抛弃的？③再退一步说，如果因为人们有视这些元素为新事物观念，使这些元素有与之对应的、并为它们抛弃的旧事物，那么，由于这种旧事物也是和人们视这些元素为新事物的观念同时产生的。这样，这种旧事物就不能称之为旧事物了。既然这种事物不能叫做旧事物，“抛弃旧的”又从何谈起呢？

2.用“抛弃旧的”来解读居里夫妇发现这些元素。

既然是“抛弃旧的”，就有一个由谁来抛弃的问题。按照这些定义，谁来“抛弃旧的”，也能分两种情况来探讨：

第一种情况是被居里夫妇发现的元素来抛弃“旧的”。如果是这样，就能引出下述解释不了的问题：①谁能知道和证明在几十亿年前，这些元素刚生成时，它们就有和它们对应的旧事物，并为之抛弃呢？②退一步说，即便是这些刚产生出来的新元素，抛弃了某种旧事物，那么，谁能说清楚这种旧事物是什么？是怎样产生出来的？它们是怎样被抛弃的？③这种“抛弃旧的”，与居里夫妇创新发现这些元素何干？

第二种情况是“旧的”为创新者居里夫妇所抛弃。如果是这样，又能引出以下解释不了的问题：①与地球同时生成的新元素，如果真有和它们对应的旧事物，那么，这种旧事物，早在这些元素生成时，就被这些元素抛弃了，有什么理由把这种旧事物留下来，非要等到几十亿年后，在居里夫妇发现这些元素时，才由居里夫妇把它们抛弃呢？②如果这种旧的是在居里夫妇发现这些元素之时才产生的，那么，有什么理由能够说明人们视这些元素为新事物的观念，能够产生与这些元素对应的并为之抛弃的旧事物呢？③退一步说，如果居里夫妇发现这些元素之时，真的抛弃过什么旧事物，那么，居里夫妇抛弃过什么旧事物呢？为什么居里夫妇没有留下他们抛弃旧事物的记录和资料呢？为什么从来没有人看到过、没有人听说过居里夫妇抛弃过与这些元素对应的旧事物呢？难道可以把居里夫妇提炼这些元素时，抛弃剩下来的渣子，说成是“抛弃旧的”吗？

这些定义能引出如此荒诞无稽的问题，这种定义还科学得了吗？

第二类，从不知到知的客观规律发现，不存在抛弃旧事物的问题。

意大利实验物理学大师伽利略读大学一年级时，一天，他在比萨大教堂做礼拜，看到吊灯在风力的作用下摆动，就对摆动运动规律进行研究。他按着自己的脉搏，计算摆动一个周期所用的时间。就是这个实验，导致他发现了摆的等时性定律。伽利略的这个发现，毫无疑问是标准的创造。按照这些创新和创造定义中说的“创造新的，抛弃旧的”来解读伽利略发现摆的等时性定律，也会产生许多荒诞无稽的问题：

1. 摆的等时性定律，如果不是宇宙规律，至少也是地球规律。权且作地球规律。地球上的一切摆的运动都遵循这个规律。如果用“创造新的，抛弃旧的”来解读伽利略的这个发现，其中的“新的”有两种含义，无论是哪一种含义，都不能证明其合理性。分别解读于下：

一种是指地球诞生之时，同时产生了摆的等时性定律。摆的等时性定律就成为地球诞生时产生的新事物。如果创新定义中的“新的”指的是这种情况，就能引出以下解释不了的问题：①怎样证明在地球诞生以前，就必定有旧事物等着摆的等时性定律产生，并被它抛弃呢？②退一步说，就算地球诞生以前有这种旧事物，那么，谁能说清楚这种旧事物在哪里？是什么？它是怎样产生的？是怎样被这个定律抛弃的呢？③如果说摆的等时性定律有什么和它对应的旧事物要抛弃的话，早在它诞生之时就抛弃了。与创新、创造定义何干？与伽利略发现摆的等时性定律何干？

另一种是摆的等时性定律在地球诞生后就已存在，经过了数十亿年，无所谓新不新，旧不旧，只不过是人们不知道它罢了。伽利略发现这个定律后，人们才从不知到知，人们才认为这是伽利略发现的新事物。这就是说，这个定律之所以是新事物，并非这个定律是新产生出来的，它仅仅是在人们的观念中是新的。如果这些创新定义中的“新的”指的是这种观念，又能引出以下解释不了的问题：①这种新事物观念能产生与这个定律相对应的旧事物，并被这个定律来抛弃吗？②退一步说，这种新事物观念能产生与这个定律相对应的、并被这个定律抛弃的旧事物，那么，这种旧事物在哪里？是什么？它是怎样产生出来的？是怎样被这个定律抛弃的？③再退一步讲，即便是有这种旧事物，那么，这种旧事物就是和发现这个定律同时诞生的了。既然如此，这种旧事物就不能说是旧事物了。既然连旧事物都不能说，这些定义说“抛弃旧的”，又从何谈起呢？

第三类，从无到有的发明，更没有这些定义中说的新旧关系。

美国发明大王爱迪生，1877年装修电话机时，受其中的金属振动片的启发，突发奇想，要发明能留住人的声音的机器，从而发明了留声机。这是个地地道道的创造。这样的发明给这些词典的创新和创造词条的定义出难题了：按照这些定义，必定在留声机发明出来以前，就有为留声机不相容的、为之抛弃的旧事物存在。可是，在爱迪生这次装修电话机以前，包括爱迪生在内，全世界的人想都没有想过什么留声机，怎么会有为留声机不相容的、并为之抛弃的旧事物存在呢？如果说这些定义是对的，岂不是等于说，世界上存在一种和人们想都没有想到过的、世界上还不存在的事物的不相容的旧事物吗？这些定义能够说出这种旧事物是什么吗？在哪里？能够提供这种旧事物存在的理由和证据吗？

根据这些创新创造定义，解读上述三类发明创造，引出来的那么多匪夷所思的问题表明，用“创造新的，抛弃旧的”来定义“创新”、“创造”，是以偏，赅全，是很不科学的。

第二个方面：科学技术的继承和发展的创新和创造，有新旧事物的关系，但与创新和创造定义中说的新旧事物关系，在本质上是不同的。

分两类来说：

第一类是继承和发展的科学理论创新中的新旧关系，和这些定义说的新旧关系有本质的不同。

已有的理论为旧，继承已有的理论创造出来的理论为新。这种新旧理论的关系，与这几本词典中的创新和创造定义中所说的新旧关系，在本质上是不同的。这些词典中的创新和创造的定义认为，新的和旧的关系，是新的必定抛弃旧的；而在继承的基础上发展出来的新理论同旧理论的关系则是：旧理论是新理论产生的前提和基础，新理论是对旧理论的继承和发展，根本不存在什么抛弃旧的这种问题。以生物学为例：

1859年11月，达尔文发表他的代表作《物种起源》，以这本著作为标志的进化论思想和他的其他进化论著作，指出包括人在内的一切生物都是进化而来的，第一次把生物学完全放在科学的基础上。但是，还有为什么会有遗传变异和遗传有没有规律等问题有待回答。

1865年春，奥地利生物学家孟德尔发表《植物的杂交试验》，发现并证明了生物的遗传，遵循分离定律、自由组合定律等遗传规律，认为遗传物质载体是遗传因子。为遗传学奠定了科学的基础。

1909年，美国生物学家约翰逊把孟德尔说的遗传因子改称为遗传基因，简称为基因。此时，基因在哪里、是什么结构，都还是个谜。但基因这个概念为生物学界认同。此后，随着遗传学的发展，基因概念也不断丰富和发展。

19世纪末，20世纪初，细胞学兴起。生物学家把细胞学与孟德尔的遗传理论联姻，导致美国生物学家摩尔根通过实验，于1910年发现细胞中的染色体是基因的载体，创建了染色体——遗传基因理论。

1944年，美国生化学家艾弗里等，通过把光滑型肺炎球菌基因加给粗糙型肺炎球菌，粗糙型的肺炎球菌后代，就变成光滑型肺炎球菌的实验，证实DNA具有全部遗传功能，DNA就是遗传基因。

1953年，英国生物学家威尔金斯和富兰克林拍出了DNA的X射线衍射图，第一次确定了DNA是螺旋体结构，测出了它的直径和螺距等性状。

同年，英国物理学家克里克和美国生化学家沃森合作，提出了DNA双螺旋核酸分子结构模型和DNA自我复制机理。

此后，遗传学继续向破译遗传密码、克隆技术等方面发展。有关进展媒体报道甚多，这里就说了。

以上是遗传学的一步一步地向前发展的粗略状况。表明它每前进一步都是创新。其中的前者对后者来说，都是旧事物；后者对前者来说，都是新事物。但前者是后者产生的前提和基础，后者是对前者的继承和发展，使生物学成了不断发展完善的学科，哪里有什么“创造新的，抛弃旧的”呢？

不仅遗传学是如此，每一门真正的科学学科的发展都是如此。它们每前进一步都是创新。其前者和后者的关系，都是继承和发展的新旧关系，并不存在这些创新和创造定义中说的“创造新的，抛弃旧的”的关系。

又如，天文学是一种特殊的继承和发展的新旧关系，但也不是这些定义说的那样，“创造新的，抛弃旧的”。

天文学的发展，大体上来说，最早是“盖天说”、“浑天说”；接着是约公元前4世纪古希腊学者亚里士多德提出的、到公元2世纪为古希腊学者托勒密详细阐述了的“地心说”；“地心说”统治了一千多年以后，1543年，波兰天文学家哥白尼发表的《天体运行论》中，提出和论证了的“日心说”；到20世纪，又有备受关注的“宇宙大爆炸说”。在这个一步一步地向前发展的过程中，它们每前进一步也都是创新，也是前者为旧，后者为新。但是，天文学的发展过程同其他学科的发展过程相比，它的不同之处是：

（1）除了“宇宙大爆说”得到了一些科学事实和理论的支持，验证了一些科学预言，尚须探寻更多更有力的科学证据支持外，其它的天文学理论，都被后者证明是错误的。

（2）这些被后者证明是错误的天文理论虽然是错误的，但是，它们都是符合人类当时的认识水平和实践能力的，是人类当时能够做得出来的最好的天文学理论的创造，是人类对天文认识发展长河的必经阶段。天文学的发展，就是这样、也只能是这样一步一步地接近真实的天文。

天文学的这种新旧关系，不同于这些词典中的创新和创造定义所说的新旧关系之处主要是：后者证明前者是错误的，因此否定前者。但是，在否定前者的同时，又肯定前者是人类对天文认识发展的必经过程，是人类对天文认识的进步，肯定它在天文学发展历史上的应有的地位和作用，而不是这些创新和创造定义那样，“创造新的，抛弃旧的”。

第二类是在已有技术基础上开发出新技术，有新旧事物的关系，也和这些定义中说的那些新旧关系在本质上不同。

例如：在飞机发展史上，先发明螺旋桨飞机，后发明喷气式飞机，又发明直升飞机……其中前者同后者的关系，也是新旧关系。但是，新的发明出来后，螺旋桨飞机在低速、短程，中低空范围发挥自己的优势和作用；喷气式飞机在高速、远程、高空范围发挥自己的优势和作用；直升飞机则有在低空、低速、机动性能好、起飞着陆场地不像螺旋桨飞机和喷气式飞机要求那么高等优势，发挥着自己特有的作用。类似的发明不可胜数。它们的新旧关系，并不是那些创新和创造定义说的“创造新的，抛弃旧的”。

这几本词典为什么会出现这样的问题呢？从根本上说，就是他们不是从实际情况出发、根据创新和创造的本质来下定义的，而是根据片面的事实来下定义的，甚至还显现出了“左”烙印，以致他们没有想到，在作出这种定义后，一下子飞出来了那么多的“黑天鹅”，使这种定义犯了以偏概全的“天鹅皆白”的错误。

如果有谁真的按照 “创造新的，抛弃旧的”或“抛弃旧的，创造新的”这种创新、创造定义去搞创新或创造，这种定义，岂不是成了桎梏他的知识、能力，特别是创造力的枷锁吗？幸运的是，人们并不把这些词典的这些定义当真，没有谁真的按照这种定义去搞创新或创造。

问题是，作为词典是有责任为人民提供科学的创新和创造定义，推动创新型国家建设的。这就表明，搞出一个符合实际的科学的创新、创造、创造力定义，已是刻不容缓的了。

问题还在这些词典还没有发现上述问题。下页表2中石家庄图书大厦2006年6月出售的5种词典的创新和创造词条给创新和创造下的定义，还是和表1中的词典的创新和创造词条下的定义，没有本质的不同，就是证明：

表2

代号	词典名称	创新定义	创造定义	创造力定义
1	《现代汉语规范词典》外国语教学与研究出版社语文出版社出版	2004年1月第1版创造新的，革新	独创性。创造出未曾有过的。首先完成建立的成果	创造新事物的能力
2	《新华词典》2000年1月修订第3版，2004年5月第62次印刷。商务印书馆辞书研究中心修订	抛弃旧的，创造新的。	创立新的事物	无
3	《现代汉语词典》第5版，2005年10月北京第344次印刷	抛开旧的，创造新的。指创造性，新意	想出新方法，建立新理论，做出新成绩或东西	无
4	《现代汉语词典》延边大学出版社发行。2005年3月第1版第1次印刷	抛弃旧的，创造新的	建立新的东西	无

代号	词典名称	创新定义	创造定义	创造力定义
5	《新华汉语词典》商务印书馆国际有限公司出版发行。2004年5月北京第1版，2005年7月第6次印刷	创造新的，从而抛弃旧的	想出新的方法，建立新的理论，做出新的成绩	无
6	《辞海》上海辞书出版社《辞海》编委会编。2002年8月1印刷	无	做出前人所未有的事情	把已积累的知识和经验进行科学的加工和创造，产生新观念、新知识、新思想的能力。由感知力、记忆力、思考力、想象力等四种能力所组成

第五个问题　潜藏着一个荒唐的逻辑

这些词典的创新和创造定义说的新旧关系中，还潜藏着一个荒唐的逻辑。请看：根据这些定义作出的推论：什么是创造力？创造力就是创新的能力，或创造的能力。根据这些词典的创新的定义，又可以进一步推论出创造力是“抛弃旧的，创造新的”的能力，或“创造新的，丢弃旧的”的能力。根据1号词典的创造定义，可以推论出创造力是“抛开旧的，创立新的（或东西）”的能力。这就是说，这些定义在事实上认为，创造力是由两种能力组成：一种是抛弃旧事物的能力，另一种是创造（创立）新事物的能力。创造力的组成成分中，包含抛弃旧事物的能力，难道还不够荒唐吗？这种荒唐的逻辑，岂不是正好说明，作出这种逻辑推论的前提，即这些创新和创造的定义，把抛弃旧的作为创新和创造的必要组成部分是错误的吗？

创新、创造定义

应该怎样对创新和创造下定义呢？下面这样来定义创新和创造，可能更接近实际一点：

[**创新**] 发现发明成果。发现发明活动。

[**创造**] 同创新。

是不是可以这样来推论出创造力定义呢？

[**创造力**] 发现发明的能力。

不可以。因为创造力定义要回答的问题是创造力是什么能力的问题，不是创造力是干什么的能力的问题，或干什么要用创造力的问题。把创造力定义为发现发明能力，回答的仍然是创造力是干什么的能力，或者回答的是干什么事情要用创造力的问题，还是答非所问的。究竟怎样定义创造力才是正确的，在本章第五节探讨造词。

第三节 另一种对创新和创造的曲解

原以为探讨了这几本词典的创新和创造定义中的问题就可以了结了。可是，当看到《科技文摘报》2006年4月7日第1161期第5页，以“人才培养如何创新？”为题，摘要刊载2006年3月2日《中华读书报》介绍的《创新人才培养方法论》一书的文章中，关于该书作者对创新和创造的区别界定的那段话后，就感到这段话的作者，曲解了创新和创造两个词的含义。加上这张报纸把这本书“作为一部系统研究创新人才培养的著作，本书从什么是创新、什么是创新思维、创新思维的培养等方面，系统论述了创新教育的理论”的重要著作向公众推荐，这就使笔者不能不在这里插一杠子，对这段话中有关创新和创造的定义的问题，再谈点看法。

这段话是这样说的：

“作者认为，创新是首创活动，是对社会进步价值的追求，它与创造是有区别的：虽然创造也具有首创性、新颖性的意义，但创造是个中性概念，其成果既可能对社会有益，也可能对社会有害。”

现在来解读这段话：

一、创新和创造都具有首创性、新颖性的意义。

二、创新和创造的区别是：创新不是中性概念，是对社会进步价值的追求，其成果对社会只有益，没有害；创造则不同，是个中性概念，不是对社会进步价值的追求，其成果既可能对社会有益，也可能对社会有害。

如果上述解读没有歪曲这段话的原意，那么，这段话中的话外之音是：

一、发现发明活动分为两类：一类叫创新，另一类叫创造。

因此，发现发明成果也分为两类：一类是创新成果，另一类是创造成果。两类成果的区别是：创新成果是对社会进步价值的追求的产物，只对社会有益，不能有害。因此，不能把创新看成一个中性概念。创造成果则不同，创造是中性概念。创造成果不是对社会进步价值追求的产物，其成果既可能对社会有益，也可能对社会有害。

这段话里说的对社会既有益又有害的创造成果，实际上与人们经常说的科技成果往往是一把“双刃剑”是一个意思，一面可以用来造福人类，另一面又可以用来危害人类自身。

二、由于创新和创造存在这种区别，我们是社会主义国家，就只能搞创新，不能搞创造。

三、在我国只能培养创新型人才，即只能培养对社会进步价值追求、专搞对社会有益无害的发现发明的创新型人才，不能培养不追求社会进步价值的、搞那些既可能对社会有益又可能对社会有害的发现发明的创造型人才。

如果这位作者不是想告诉读者上述三点，那么，他就没有必要对创新和创造作这种区分了。

这位作者这样细心地注意研究媒体中出现频率很高的、非常引人关注的创新和创造两词的定义，这种精神无疑是好的。但是，对他的这个研究结果，说创新和创造有这段话里说的那样的区别，以及作这种区别的良苦用心，实在是难以认同的。因为：

一、国家领导人的演讲和文章中，讲“创新”不讲“创造”的地方，或“讲创”造不讲“创新”的地方，并不是作者想象的那样。例如，2006年6月5日，胡锦涛在两院院士大会上指出：“培养造就创新型科技人才，要全面贯彻尊重劳动、尊重知识、尊重人才、尊重创造的方针。”如果按照这位作者说的那种创新和创造的区别，人们能够贯彻“尊重创造”的方针吗？国家领导人说创新创造类似的地方还有很多。这就从事实上证明，这段话中说的创新同创造的区别，只不过是这位作者揣摩臆想出来的。

二、用这段话说的标准来区别创新和创造，就会造成是非不分，正义和非正义不分的错误。例如，我国古代四大发明，为全人类造福，源远流长。但是，它们又是被殖民主义者利用来做征服殖民地罪恶勾当的工具：利用指南针做军舰的导航仪，利用火药做屠杀殖民地人民的枪炮、利用纸张和印刷术做欺骗殖民地人民的宣传品。按照这位作者的标准，四大发明就不是创新，而是创造了。很明显，不论这位作者自己是否意识到，他对创新和创造作这种区分，实际上是把这些殖民主义者利用这些发明创造干的罪恶勾当的罪责，要让我国古代发明家承担。又如，导致工业革命的发生、导致封建社会灭亡和资本主义社会兴起和发展的蒸汽机、内燃机、电动机等的发明，对人类的贡献可谓大矣。但是，由于它们又是被德意法西斯主义者和日本军国主义者利用来进行侵略战争，屠杀世界各国人民的武器。这些发明如果用这位作者的标准来衡量，也只能算创造，不能算创新。同样十分明显，不论这位作者自己是否意识到，他对创新和创造作这种区分，实际上是把这些法西斯主义者和日本军国主义者利用这些发明创造干的罪恶勾当的罪责，要让发明蒸汽机的瓦特、发明电动机的法拉第、发明内燃机的奥托等发明家来承担。由此可见，不论这位作者的初衷如何，他对创新和创造作这种区分，实质上是是非不分，把本来是违反正义的人利用科技成果来危害人类的罪恶，说成是人们进行发明创造、不追求社会进步价值的罪恶。这不仅是对发明创造者的莫大的冤枉，而且是作者不自觉地为那些干罪恶勾当人进行袒护。

三、用这种创新和创造的区别去指导创新活动，必定会新添一副束缚人们的创造力的枷锁。因为这种区别，无异于对从事创新者作出了诸如下面这样的限定：在进行发现发明活动之前，必须对所进行的发现发明成果的社会进步价值进行评估，以分清这种发现发明活动，是属于创新还是属于创造。只能搞对社会有益无害的创新，不能搞对社会既有益，又有害的创造。在进行发现发明前，对其未来成果的社会进步价值无法评估时，这种发现发明就不能搞。面对这种标准，人们不禁要问：如果按照这样的认识去开展创新活动，人们的创造力能充分发挥出来吗？这不是给人们套上一个束缚创造力的枷锁吗？这对深入贯彻科学发展观、建设创新型国家有利吗？我国科学家漂亮地搞出“两弹一星”，还能说是大振国威，为国为民立了大功吗？

为什么这位作者会提出这种创新和创造的区分标准呢？这是他不了解自然科学成果本身，并无所谓政治价值取向，只是在人们利用创新和创造成果时，都有价值（包括政治价值）取向。决定科技成果价值取向好坏的是人，而不是发明创造者做出的发现发明成果本身。即不是这位作者说的是创新成果还是创造成果决定的。价值取向是好是坏，是进步还是反动，取决创造成果掌握在什么人手里。例如，德国法西斯搞导弹，日本军国主义搞细菌武器和化学武器，就是为了侵略别国，这就是德国法西斯和日本军国主义者的反人类反和平的罪恶价值取向；我国掌握核技术用来发展核能，用来治病，发展经济，保卫祖国，保卫世界和平，向世界公开承诺不首先使用核武器等，这就是中国共产党领导中国人民利用核能推动社会进步，发展我国综合实力，维护世界和平的价值取向。这就证明，一切科学技术成果本身都无所谓价值取向。一切价值取向都是人决定的，不是发明创造者做出发现发明成果对人类有益或有害决定的。应当说，这个问题在自然科学及其成果有没有阶级性的争论时早已解决了的。更不用说这位作者的观点与第三章要讲的马克思关于科学技术的发明创造在人类社会发展中的地位和作用的论述、与马克思恩格斯的创造观南辕北辙了。可见这位作者提出这种创新和创造的区分标准，本来是想在理论上为我国培养创新型人才，建设创新型国家作出贡献，却没有想到这位作者在自己的“左”的思想指导下，提出了这种错误的创新和创造的区分标准，做了事与愿违的事情，反而给人们新添了一个桎梏创造力的枷锁。

第四节 遭遇词典（二）
——聪明和智慧的本质和源泉

什么是聪明和智慧

聪明和智慧是一个与创新、创造、创造力定义和解放创造力密切关联的问题。

如果有人问你，你喜欢聪明和有智慧吗？不论是谁，只要是实话实说，不仅不会有人说不喜欢，反而会说，自己越聪明越好，智慧越多越好。你这么喜欢聪明和智慧，那么，你想过什么是聪明？什么是智慧吗？一问这个问题，两个有趣的值得研究的现象就跑出来了：一个现象是人们喜欢聪明和智慧，但是很少有人认真研究过聪明和智慧是什么，很少有人能正确回答什么是聪明和智慧；另一个现象是人们在实际生活中，判断他人做的事情是不是聪明或有智慧，往往是正确的，可是一离开现实的聪明和智慧的事情，要他回答什么是聪明和智慧，就有些莫名其妙了。这两个现象表明，人们对什么是聪明和智慧的问题，并不是真的很清楚。是不是这样的呢？下面两个事实可以证明。

一个事例是，在很多外国人的心目中，中国人是很聪明和有智慧的。他们这样看的主要根据是：中国人民创造了历史悠久、独特、博大精深、一脉相承、从未中断的、不断丰富和发展的文化；特别是举世公认的、为人类文明和社会进步作出过伟大贡献的指南针、火药、造纸术、印刷术等中国古代的四大发明，更是他们常常怀着钦羡的心情，津津乐道的证据。外国人是这样看我们，我们也以此自豪。外国人和我们的这种认识表明，人们都认为聪明和智慧同发明创造有着不可分割的联系，都会把有发明创造成果的人，做事情有创造性的人，看成是聪明和有智慧的人；都会对人类社会进步起过重要作用的发明创造的国家和民族，称赞为聪明和有智慧的国家和民族。这种认识无疑是正确的。

另一个事实是，人们在离开实际来回答什么是聪明和智慧的问题时，就不知道从发明创造同聪明和智慧的关系上去说了，即使说到了发明创造，也不是从发明创造同聪明和智慧之间的本质联系上去说，只是把发明创造作为聪明和智慧的一种表现来说。例如2006年6月，为了了解词典对创新和创造定义有没有修改，创造力词条有没有增加进去，我再去石家庄图书大厦查阅正在出售的六种词典（即前面的表2中所列的词典）的同时，还查了这些词典的聪明和智慧两个词条的定义，并制成表3。发现这些词典中的聪明和智慧两个词条，也不是从聪明和智慧同发明创造的本质联系上去下定义，因而所下的定义，抓不住本质，没有说到点子上，使定义下得不准确。加上这些词典公开发行后，未见有人提出有异议的报道。这种状况大概可以反映出人们对什么是聪明和智慧的问题不大清楚。

脱离实际来回答什么是聪明和智慧的问题，是不能认识聪明和智慧的本质的，是不能科学定义聪明和智慧的，也是不能帮助人们学到聪明和智慧的。为了了解发明创造同聪明和智慧的关系，了解聪明和智慧的本质和源泉，了解什么是大家都喜欢的真实的聪明和智慧，更好地学习聪明和智慧，下面对照这些词典给聪明和智慧所下的定义，剖析大家熟知的《曹冲称象》和《阿基米德鉴定金冠是否掺假》两个故事。

先看下页表3中的词典对聪明和智慧下的定义。

表3：

代号	词典名称	聪明定义	智慧定义
1	《现代汉语规范词典》	天分高，智力强	分析判断，发明创造，解决问题的能力
2	《新华词典》	智力发达，思维敏捷，理解和记忆能力都很强	①聪明才智 ②智力
3	《现代汉语词典》	智力发达，记忆和理解能力强	辨析判断，发明创造的能力
4	《现代汉语词典》延边大学出版社发行	智力发达，记忆和理解能力强	辨析判断，发明创造的能力
5	《新华汉语词典》	耳聪目明，智力发达，记忆和理解能力强	具有对事物正确理解，发明创造的能力
6	《辞海》	①视听灵敏。②聪敏，有智慧	①对事物能辨析判断、发明创造的能力②犹言才智、智谋③译自梵语

接下来剖析曹冲称象的故事：

论曹冲称象

曹冲称象的故事梗概是：我国的三国时期。曹操带着还是少年的儿子曹冲和官吏们，去河边看吴国送给他的大象。见到象时，曹操问：谁有办法称这头象的重量？正在大家为想不出好的称象方法犯愁时，曹冲走出来，叫人把象牵到船上，在船的吃水线上做个记号后，再叫人把象牵下船。然后叫人用筐装河边的砂石，一筐一筐地过秤后往船上装，装到船沉到与做的记号持平为止。此时曹冲向大家说，船上装了多重的砂石，这头象就是多重。

这个故事流传了近两千年。无论是谁读了这个故事，都会称赞曹冲聪明。如果问，你为什么说曹冲聪明呢？有的人说，这个问题还没有细想过，听了这个故事后，反正觉得他聪明就是。这种现象表明，他听了这个故事后，只是大概上认为，曹冲做出了比别人高明的事情，据此作出了曹冲聪明的判断。而对他的高明之处是什么，即称赞他聪明的根据是什么，往往就不细究了。这种认识问题的方法，虽然作出的曹冲聪明的判断是正确的，但这种认识仅仅是看到了曹冲聪明的一点皮毛，并未了解到曹冲聪明的本质。像这样去学习这个故事，是很难理解和学到真正的聪明的。要正确理解和学到聪明，最好的办法就是剖析《曹冲称象》这个故事。

无论曹冲是否自觉意识到，别人说他的称象方法聪明的根据是什么；也无论人们是否自觉意识到，读了曹冲称象的故事后，认为曹冲聪明的原因是什么，但在客观实际上，大家都认为曹冲聪明，起决定作用的就是曹冲根据当时的条件，创造了最好的称象方法：

1. 他抓住了象的身体很重，用常规秤称的方法，不可能称出象的重量；又不能用刀把象切成几小块，然后用秤一块一块地称的特点，所以必须另辟蹊径。

2. 他就地取材，利用在现场的：象、河、船、砂石、人力等，如果现场没有铲、筐和秤的话，就叫人取来。

3. 他利用上述材料时，①运用了船载重的轻重与船吃水的深浅成正比，与船装载什么东西没有关系的常识；②利用了河边可以一筐一筐过秤的砂石，用来代替不可分割成小块再过秤的象，去求和象的重量相等的砂石的重量。

这就是人们实际上认为曹冲聪明的根据。为什么呢？第一，曹冲解决称象问题所利用的材料，并非深藏之物，只有他一个人知道，而是在场的人都看得见或都知道的东西。第二，曹冲解决称象问题所利用的原理，也不是只有他一个人懂得的深奥的学问，而是人们都知道的，特别是聪明过人的曹操和他的聪明的官吏们都深知的常识。可是，这些人对这些材料视而不见，对这些常识知而不用，不是搓手嗟叹自己提不出好的称象方法，就是羞于把自己设计出来的称象方法拿出来。唯独曹冲与众不同，见常人之常见，得常人之未得，那么敏捷地利用上述材料和原理，构建了当时条件下最好的称象方法。这是曹冲的称象方法不同于其他人员提出的称象方法的地方。

曹冲构建称象方法的过程叫做创新或创造，他构建出来的称象方法叫做创新成果或创造成果，或者说他的称象方法有创造性。正是因为曹冲在这种场合进行了这种创造，获得了这种创造成果，曹冲才显示出聪明来，别人也才能知道曹冲聪明，从而称赞曹冲聪明，并使《曹冲称象》成为一个家喻户晓的聪明的故事流传至今。反过来看，如果曹冲在这种场合下，没有这种创新活动，他就不能获得具有创造性的称象方法，就不能显示出他的聪明，别人也就无法知道他聪明，自然就谈不上称赞他聪明了。当时，在场的人员也有人提出了称象的方法，为什么没有人称赞他们聪明呢？根本的原因就是他们的称象方法没有创造性，不是创造成果，不能显示他们的聪明，别人就不认为他们聪明，也就无从称赞他们聪明。因此，当时人们称赞曹冲聪明的决定性的原因或根据，及此后凡是读过这个故事的人，无不称赞曹冲聪明的原因或根据，就是他在解决称象的问题时，进行了创新或创造，建构出来了有创造性的称象方法。

由此可见，一个人的思想认识，所做的事情，如果一点创造性也没有，是不会有人认为他聪明的。一个人是聪明还是不聪明，就看他做出来的事情有没有创新，可以说，聪明的本质和源泉是创造。因此，这样给聪明下定义可能好一些：

［**聪明**］对创造活动及其成果的赞誉。创造是聪明的本质和源泉。

了解了聪明的本质和源泉是创新或创造，学聪明的方向就清楚了：要解放自己的创造力。

再剖析阿基米德鉴定金冠：

论阿基米德鉴定金冠

阿基米德鉴定金冠的故事梗概是：公元前约250年，叙古拉斯国王耶罗，拿了一锭过了秤的纯金，叫金匠做一顶金冠。不久，精美的金冠做出来了，国王看了很满意，但又担心金匠在金冠里掺假。于是国王命阿基米德作既不能损伤金冠、又要判定金冠是否掺假的鉴定。这个难题，使阿基米德朝思暮想，日复一日，不得其解。一天，阿基米德去泡澡，看见自己的身体逐渐浸入盆中，水位亦随之上升，直至溢出盆外，身上感到有浮力。这些现象使他顿悟到：重量相等，比重不同，但比重都大于水的两物体，分别放入盛满了水的盆中，比重小体积大的物体放入盆中后，溢出的水多些；比重大体积小的物体放入盆中后，溢出的水少些。这个顿悟，不仅帮助阿基米德解除了国王担心金冠掺假的疑惑，并发现了浮力原理：浸在液体里的物体，所受的浮力大小，等于该物体排开的液体的重量。

这个故事流传了两千多年，还漂洋过海，从欧洲传到中国，传遍世界。无论哪个年代、哪个地方的人，读了这个故事后，都会称赞阿基米德有智慧。为什么人们读了这个故事后，会这样来称赞阿基米德呢？不论人们是否自觉意识到，实际上都是这个故事说了以下的内容使然：

1. 他在泡澡时，看到澡盆中的水，随着自己的身体浸入水中的部分增多而上升，直到溢出盆外，身上感到有浮力，使他顿悟到，重量一定的物体，其体积与其比重成反比。

2. 进而使他联想到，如果做金冠时在金中掺了假，掺进金中的物质的比重，必定与金不同。做出来的金冠的体积，必定与给金匠做金冠的金锭的体积不同，比较金冠同给金匠做金冠的金锭等重的金块的体积，或者比较金冠与金冠等重的金块的体积，如果二者体积相同，则未掺假；如果不同，则必定掺了假。

3. 金冠的形状与结构复杂，直接测量金冠的体积是不可能的，进而他联想到用两个盛满了水的盆，分别放入金冠和与金冠等重的金块，比较它们溢出的水量，如果相等，则未掺假；如果不相等，则必掺了假。

4. 阿基米德还从感到身上有浮力和上述鉴定金冠是否掺假的方法，联想到物体浸入液体中所受的浮力的本质和规律，从而发现了以他的名字命名的浮力原理。

阿基米德解决金冠是否掺假和发现浮力原理的过程，无疑是创新或创造过程。他的鉴定金冠有没有掺假的方法和他发现的浮力原理，无疑是创新或创造成果。他正是通过他的这些创造成果，才显示出他的智慧，别人也才能知道他有智慧，从而称赞他有智慧。如果抽掉他的这些创造成果，谁能知道他有智慧呢？又有谁会称赞他有智慧呢？由此可见，不论人们是否自觉意识到，人们称赞阿基米德有智慧的根据，就是他的上述创造。

上述剖析告诉我们，一个人的思想、做的事情、解决的问题，是不是有智慧，就看他有没有创造成果。如果一点创造性也没有，是不会有人认为他有智慧的。有没有创造成果是判断一个人有没有智慧最终的决定性的根据。如果没有创造成果，无论他的其他方面表现如何，都不是真正意义上的智慧。可以说，创造是智慧的本质和源泉。因此，这样来定义智慧可能更接近实际：

［**智慧**］对创造活动及其成果的赞誉；创造是智慧的本质和源泉。了解了创造是智慧的本质和源泉，获取智慧的道路就展现出来了：要解放自己的创造力。

聪明和智慧的区别

比较表3词典中的聪明和智慧的定义，很难看出聪明和智慧有什么区别。我们剖析上述两个故事得到的聪明和智慧的定义，其表述是一样的。在实际生活中，确实存在说聪明也可以，说智慧也不能算错的事实。是不是因此可以说聪明和智慧一点区别也没有呢？不可以。聪明和智慧定义表述相同，表明聪明和智慧产生的基础和本质是一样的。但是，二者在水平和档次上，还是有高低之分的。在人们的认识中，一般认为，要解决的问题很重要，有普遍意义、解决的难度又很大，谁要是把这种问题解决了，就会称赞他有智慧；如果要解决的问题的重要性小，普遍意义不大，比较容易解决，则为聪明。拿上面剖析的两个故事来说，如果称赞阿基米德为聪明，就会觉得档次太低，有点小看他了，不能表达人们对他的景仰之情。如果称赞曹冲有智慧，又会觉得高抬他了，他还没有达到智慧的档次。

对"表3"词典中的聪明和智慧定义的商榷

通过剖析上述两个故事，得到的聪明和智慧的定义，同表三词典中的聪明和智慧的定义对照，就会发现，表三中那些词典的聪明和智慧的定义，不仅没有说出聪明之所以为聪明、智慧之所以为智慧的根据，不能反映聪明和智慧的本质，而且这些词典的定义，是有要商榷之处的。要商榷的地方主要是：

一、这些词典是用同一个事物的几种名称，互相说明对方是什么的。

方法给聪明和智慧下定义，即用自己说明自己是什么的方法给聪明和智慧下定义，不能揭示聪明和智慧的本质，没有说明什么是聪明，没有说明什么是智慧。例如，人们既可以用智力、才智、智谋、聪敏、有智慧、智力强、聪明才智、智力发达等来表述聪明或智慧，反过来，人们也可以用聪明或智慧来表述这些词的含义；而且这些词之间，都可以互相说明对方是什么。这样的定义，自然不能抓住聪明和智慧的本质，把定义说到聪明之所以为聪明、智慧之所以为智慧的根本上。

二、误把只有进行创造，获得创造成果的前提下，才能成为聪明和智慧的有机成分的东西，直接作为聪明和智慧了。这就会造成难以逾越的困难。例如，表3中的2号词典把思维敏捷定义为聪明。实际上思维敏捷在没有创造成果作为前提条件，就很难称之为聪明。例如，曹冲称象，大家认为曹冲聪明，其中就包含着称赞曹冲思维敏捷的成分。因为在曹操问大家这头象有多重后，如果曹冲那时不是当场迅速地提出这个称象的方法，而是在大家看完象，人都散了以后，他才构建出来的话，那么，他的方法虽有创造性，本人也不失为聪明，但是，人们就不会知道他创造了这个称象方法，《曹冲称象》的故事也就不能流传于后世，自然就不可能有一代接着一代的人称赞他聪明。这就表明，思维敏捷的确是曹冲被人称赞为聪明和的重要原因。这里值得商榷的是，大家认为曹冲聪明，其中虽然包含着对曹冲思维敏捷称赞的成分，但是，不能证明词典中的聪明定义那样，可以把思维敏捷等同于聪明，可以把思维敏捷直接定义为聪明。为什么？因为称赞曹冲聪明是以他创造了当时最好的称象方法为前提的。如果曹冲提出的称象方法没有创造性，即便是曹冲的思维再敏捷，也是不会有人称赞曹冲聪明的。在曹冲提出称象方法之前，有人很快提出了称象方法，由于他们的方法没有创造性，人们知道后，就没有人称赞他们聪明。这就表明，思维敏捷是能不能单独成为聪明的有机组成部分。思维敏捷要想成为聪明的有机组成部分，是以所做的事情是不是有创造性为前提的。一个人的思想、所做的事情是不是聪明，最终起决定作用的条件就看他有没有创造。如果没有创造，包括思维敏捷在内，其他方面再好，也不是真正的聪明。

这种定义的困难还来自即便是思维不敏捷，也能做出很聪明、智慧高的事情来。例如，阿基米德鉴定金冠是否掺假，发现浮力原理，是经过了朝思暮想，日复一日，不得其解，直到有一天他泡澡时，产生了顿悟才解决问题的。阿基米德的这种创造过程，如果用思维敏捷就是聪明的定义来衡量，就会连聪明都不够格，更谈不上有智慧了。所幸的是，人们并不用词典中思维敏捷就是聪明智慧这样的定义来衡量阿基米德，而是根据他巧妙地鉴定了金冠是否掺假和发现浮力原理的创造成果，来称赞阿基米德智慧高的。

除了表3中2号词典把思维敏捷定义为聪明外，表3中的这些词典中，还有把分（辨）析判断、理解和记忆能力、解决问题的能力和对事物正确理解的能力很强等，直接定义为聪明或智慧的。其实，这样的定义，和把思维敏捷直接定义为聪明和智慧一样，是不科学的。这些东西要成为聪明和智慧的有机组成部分，同思维敏捷一样，是以他做出来的事情有没有创造性，有没有创造成果为必要前提的。否则不论这些能力有多强，都难以成为真正的聪明和智慧。是否如此，这里再剖析一下高斯聪明的故事，就能证明这点。这个故事的梗概是：

19世纪前期，有数学之王美称的德国数学家高斯，8岁读小学时，与同学一起在课堂上做老师出的算术题。题目是：1加2加3，一直加到100等于多少？在同学们做这个题，按照数字顺序，一个接着一个地相加，远未加完时，高斯就起立向老师报告说，他算完了，答案是5050。老师和同学们对高斯的运算速度感到惊讶。老师问高斯：你以前是否做过这个题目？高斯答道：没有。老师又问：你是怎样算的？高斯说他是这样算的：1加100等于101，2加99等于101，3加98等于101，依次类推，一共是50个101，其和就是5050。老师和同学听了高斯的说明，无不称赞高斯聪明。

现在我们来探讨这个故事里的老师和同学为什么称赞高斯聪明。老师和同学称赞高斯聪明，并不是因为高斯像那些词典中的聪明和智慧的定义说的那样，仅仅是对这个题目进行了正确的分析、理解、判断，真正起决定作用的是他的分析、理解、判断不仅正确，而且比别的同学有创造性，他获得了老师和同学们都感到意外的具有创造性的计算方法。其他同学使用的计算方法的计算速度虽然比高斯的算法慢得多，但他们对这个题目的分析、理解、判断也是正确的，使用的计算方法也是对的，正确计算的结果同样是

5050。他们之所以没有像高斯那样被老师和同学称赞为聪明，仅仅是因为他们对题目的分析、理解、判断，不像高斯那样有创造性。这就表明，只有创造性的分析、理解、判断，并导致创造成果的获得，才是真正的聪明或智慧。因此，仅仅是这些定义说的对事物分析、理解、判断能力很强等那样，还不足以成为真正的聪明和智慧。这些东西要想真正地成为聪明和智慧，有一个不可缺少的前提条件，那就是对问题的分析、理解、判断有创造性，获得了创造成果。这就再一次证明，一个人的思想，所做的事情，是不是聪明或有智慧，最不可缺少的、最终的决定性的前提和根据，就是要有创新成果。少了创新成果这个前提和根据，其他的方面再好，都不能成为真正的聪明和智慧。这就再次证明，只有创造才是聪明和智慧的本质和源泉。

三、1号词典用天分高来定义什么是聪明，这种定义不仅离聪明和智慧的本质更远，而且也不能帮助人们正确理解什么是聪明或智慧，或许还可能把人引入迷途。例如，天分是什么？人的天分是从哪里来的？天分是人人都有，还是只有少数天才人物才有？……这类问题，唯物主义者有唯物主义的回答，唯心主义者有唯心主义的回答。前者认为是进化和实践的产物，是人人都有的。后者认为是神赐给少数天才人物的。二者答案是根本对立的。那么，哪一种是正确的呢？1号词典并没有表明自己的立场。这就等于读者要了解1号词典的“天分高”的含义，就先要判断这种定义是唯物主义的还是唯心主义的。有的人就认为既然聪明或智慧是天分，自己没有天分，所以很笨，这是改变不了的。

四、在实际生活中，的确有把视听灵敏、智力发达、思维敏捷、记忆能力、分析理解判断能力强等去说某人聪明和有智慧的。但是，这种表述是不科学的。如果这些说法指的不是他的创造性实践和获得的创造成果，那就不是真正意义上的聪明和智慧，只不过是口头说说而已，不能当真，不能作为聪明和智慧的定义。从古到今的史实都表明，以聪明和智慧流传于后世的人，都是以他的创造成果为人民、为国家、为民族作出了创造性贡献的人。人们敬仰蔡伦，难道不就是因为他发明了造纸术吗？人们都敬仰李白、杜甫，难道不就是因为他们创造了美好的诗歌吗？除此之外，难道还会有什么单凭智力发达、思维敏捷等流传于后世的聪明人、有智慧的人吗？

总之，这些词典的聪明和智慧定义，说的只是聪明和智慧的一般表象。把聪明和智慧的一般表象作为聪明和智慧的定义，是不能反映聪明和智慧的本质，帮助人们正确理解和学习聪明和智慧的。

为什么上述词典的聪明和智慧定义存在以上问题呢？上述词典的聪明和智慧定义的说法，在这些词典问世之前，早已流传于民间了。很有可能，是民间对聪明和智慧的这些不科学的说法影响了这些词典编撰者。使他们在给聪明和智慧下定义时，没有对民间流行的这些不科学的说法进行科学抽象，提炼出聪明和智慧的本质，然后给聪明和智慧下定义，而是直接把民间流行的这些不科学的说法作为聪明和智慧的定义了，从而使这些词典的聪明和智慧定义存在上述问题。

这些词典的聪明和智慧定义的副作用

人们对聪明和智慧的不科学的理解的副作用是不应小视的。

第一个副作用是它使人们在追求聪明和智慧时，舍本求末。例如，有不少人是这样认识和追求聪明和智慧的：他们把思维敏捷、记忆力强的人，当成聪明的人，有智慧的人，对这种人深表佩服。他们误以为只有进行思维敏捷和增强记忆力的训练，才能使人聪明或有智慧。有的人还以此作为获取聪明和智慧的主要手段，甚至是唯一的手段，投入很多的精力，去进行这种训练。他们甚至是不知道，要想使自己更加聪明和有智慧，必须使自己的思想，所做的事情有创造性。而要有创造性，除了学习各门学科知识外，还必须培养创造意识，进行细心观察、善于发现和提出问题、刻苦钻研、艰苦奋斗、不怕失败、百折不挠、锲而不舍的精神和意志品质的训练。如果是团队进行创造，还必须培养团队团结协作精神。例如，电视节目中，曾经大量出现速答、脑筋急转弯等比记忆力强、脑子反应快的竞赛。这种竞赛节目，曾经吸引了很多人的眼球。有的地方，在一段时间里，还成了青年人风行一时的时尚。很多人就误以为能参加这种比赛的人就是聪明的人、有智慧的人，对他们钦羡不已。殊不知这类节目，虽然对提高人的思维敏捷程度，提高人的记忆能力，丰富知识，有一定的好处，但是，它并不是许多人想象的那样，是能帮助人们提高创新意识，提高创造能力，获得真正意义上的聪明和智慧。这种节目同后来在电视中推出的“我爱发明”的发现问题，想办法解决问题，对发明成果进行点评的节目相比，前者的做法，岂不是舍本求末吗？

在当代，许多重大科学技术创造成果，都是既要充分发挥个人智慧的作用，更要发挥团队集体智慧的作用。这种创造成果，无不是团队经过长期的相互协调合作，刻苦扎实的钻研，不怕失败，百折不挠，反复试验，锲而不舍地艰苦奋斗，才能获得的。这种团队精神，是深入贯彻科学发展观，建设创新型国家特别需要大力宏扬倡导的。钱学森就非常重视这种精神。我国“两弹一星”、航天事业取得非凡成就后，人们称颂钱老的巨大贡献。钱老听了后说，现在已经不是爱迪生个人搞发明的时代，我个人怎么可能在那么大的工程中有那么大的贡献呢（大意）？又如，制造百吨以上重量的大飞机，对我们这样的发展中的大国来说，是事关大局的事情。造这么重的大飞机，飞机起飞着陆轮子上的刹车片，是事关安全的瓶颈技术。我国想从外国买这项生产技术，可是人家开天价。我们买一个样品，人家给的是一个残品。这个现实激起了我国科技人员的爱国热忱，高昂的斗志，在北京航空航天大学黄白云教授为首的团队和有关单位的大力协作下，经过15年刻苦钻研，艰苦奋斗，终于攻克了这项瓶颈技术。黄教授感叹地说，古人说，“十年磨一剑”。我们是“十五年磨一剑”。表示他们团队的决心与艰辛，表示他们团队的协作精神，表示这个成果的来之不易。再如从事中国古代数学思想与现代计算机远亲杂交、开创数学机械化研究，成果丰硕，贡献巨大，获国家科技进步最高奖的院士吴文俊曾说，搞数学不在于思维敏捷，而在看得要深，想得要深。吴文俊说的要看得深，想得要深，就是告诉人们要有见常人之常见，得常人之未得的本事，要有创造性。上述这些能使人真正聪明和有智慧的精神和意志品质的培养训练的重要性，是思维敏捷、记忆力强等培养训练，不可等量齐观的。

这些流行的观点的第二个副作用，是它容易使父母、老师、上级以智力发达、思维敏捷、记忆能力强等，作为判断子女、学生、下级是否聪明或有智慧的标准，作为有没有发展前途的标准。使他们喜欢“聪明”的，不喜欢“笨拙”的，少数甚至是讨厌“笨拙”的，惩罚“笨拙”的。造成父母同子女之间、老师和学生之间、上级和下级之间的关系不和谐。有的还造成关系紧张和对立，有的甚至引发恶性事件，造成埋没人才，伤害人才的事情发生。

在文献记载中，有许多杰出人才险些被埋没的事例。达尔文小的时候，在他的父亲和老师的心目中，是个“不求上进”、“成绩不好”、“智力不高”、“平庸”的孩子。可是后来他经过艰苦努力，创立了进化论，奠定了生物学的科学基础。美国发明家爱迪生小时候，被人们看成是“低能儿”，只上了三个月的小学就被学校开除了。所幸的是他的母亲发现和保护了他的好奇心、爱琢磨、喜欢自己动手做等特点，使他的创造才能得以发挥。他一生获得了一千三百多项发明，成为举世闻名的发明大王。美籍犹太人爱因斯坦，小的时候，因为学会说话的时间晚，也被人称之为反应迟钝的“低能儿”。大学快毕业了，想当个家庭教师都没有人要。还是经过朋友帮忙，他才在瑞士伯尔尼专利局当了一名三级技术员。可是，就是他在这里工作的1902年7月到1909年10月的这段时间里，发展了量子假说；创立了狭义相对论；1905年获苏黎世大学哲学博士学位；1908年被聘为伯尔尼大学物理学教授；1909年任苏黎世大学物理学教授。此后，1915年他又创立了广义相对论，成为20世纪最富有智慧最知名的伟大科学家。类似上述这样的发明家和科学家的故事很多。他们的创造才能，都是险些被智力发达、思维敏捷这样的聪明智慧观念所扼杀的。所幸的是，他们能够冲破这种束缚，使自己的创造力得以解放，为人类作出了杰出的贡献。

有没有像他们这样的有创造才能的人，被这种聪明智慧观念所扼杀了的呢？由于被埋没了的人才都是不知名、不被人知晓的，故不可能举出被埋没的人才是怎样被埋没的实例。但是，只要有这种聪明和智慧的观念存在，又有谁能够排除这种可能性呢？

总之，智力发达、思维敏捷、理解和记忆能力强、耳聪目明……都是好的，进行这方面的训练，也未尝不可。但是，一定要清楚，它不等同于聪明和智慧。这些东西只有用在创新上，在获得创新成果的前提下，才能成为聪明和智慧的要素。如果误把这些定义中说的思维敏捷……直接当成聪明和智慧去追求，那么，这种定义就有可能成为束缚人们的创造力的枷锁。

创新是使人聪明和有智慧的神奇的力量！

既然聪明和智慧是创造力的表现，是对创造成果的赞誉，创造是聪明和智慧的本质和源泉，那么，在创造实践中学习聪明和智慧，是使自己更加聪明和智慧的最佳选择。

恩格斯说："人的智力是按照人如何学会改变自然界而发展的。"（《马克思恩格斯全集》第20卷，第574页）这句话讲的是人的智力发展规律。他在这里说的改变自然界，就是人们常说的改造自然。要学会改变自然界，就是要学会改造自然界。要学会改造自然，首先，要认识自然界的物质及其运动规律。要认识自然界的物质及其运动规律，就要进行创新活动，作出科学发现。其次，要有改造自然的本事。要有改造自然的本事，就要进行创新活动，发明利用自然界的物质及其运动规律的、用来改变自然界的技术和方法。因此，恩格斯说的这句话的含义，说到底，就是人的智力是按照人们发现自然界的事物及其运动规律和发明利用自然界的事物及其运动规律的技术和方法的创新活动及其进展而发展的。因此可以说，创造是推动人的智力发展的决定因素。这就告诉我们，无论何人，只有通过创新实践，才能学到聪明和智慧，才能提高创造力，才能检验你的聪明和智慧。人们是有这样的体会的：当你干一件事情觉得干得漂亮、聪明、有智慧时，那一定是因为你做的这件事情有创造性。

一句话，创新是使人聪明和有智慧的神奇的力量！

第五节　创造力是什么能力？

创造力是什么能力？从三个方面来探讨：一、人的能力的来源；二、创造中使用的能力是什么能力；三、创造力定义。

一、人的能力的来源

一切生物物种，包括人在内，都有生存发展的能力。一切生物物种的生存发展能力无非来自两个方面：一、来自先天；二、来自后天。即来自在先天的能力的基础上，进行后天的学习锻炼，使自己的特殊的生存发展的能力有所加强和提高。

首先说先天能力。

（一）什么是先天能力？

包括人在内，一切生物都有各具特点的先天能力。先天能力就是与生俱来的能力，也叫本能，或天赋。

（二）先天能力的来源。

先天能力来源于父代遗传给子代的、能够发育成具有某种能力的器官的基因。这种基因发育成器官，在子代出生后，就具有某种相应的能力。

父代的这种遗传基因又是怎样形成的呢？生物界有一个普遍存在的客观事实，就是每一种生物都有自己的特殊的器官和特殊的能力。这些器官和特殊的能力都是完美巧妙地适应他们的特殊的生存方式，保证自己的生存和发展的。进化论告诉我们，这个事实表明一切生物的能发育出具有一定的先天能力的器官的基因，必定是也只能是来源于自己的祖先在形成自己的特殊的生存方式的漫长的过程中，一代接着一代地朝着更加有利于适应这种生存方式的方向发展的磨砺打造，引起基因遗传变异，自然选择，进化而来的。

（三）先天能力分为三个层次。

地球上有生物以后，生物就开始了进化的旅程。生物先天能力进化到现在，大体上可分为三个层次：

第一个层次是父代遗传给子代的、能发育成具有某种能力的器官的基因。这种基因发育成该器官，在子代出生后，不用学习锻炼，就具有这种本能。例如，子代出生后，张口就知道找东西吃，会吃，眼睛有视力，耳朵有听力，……。这种先天能力，在子代出生后，经过进一步的学习锻炼，可以得到一定程度的提高和发展。

这种先天能力，人和动物都有。在人和动物之间、不同动物物种之间，器官形状结构各异，这种先天能力有强弱之分。例如狗的嗅觉、鹰的视力，就是人和许多动物远不能及的。

第二个层次的先天能力，是父代遗传给子代的、能发育成具有能学会某些能力的器官的基因。这种基因发育成器官，在子代出生后，必须适时地在以父母为主的同类群体中学习锻炼，才能获得该器官相应的能力。如果没有这种学习锻炼，就会丧失它本来能学会的能力。如果错过了学习锻炼最佳的时机，则该器官就会根据耽误的程度，全部或部分地丧失它本来能学会的能力。已经学会的能力，如果长期弃置不用，也会部分或者全部丧失它学会了的能力。这种先天能力与第一个层次的先天能力不同之处是，先天只是提供了能学会某种能力的器官，实际上能不能获得这种能力，取决于后天的学习锻炼。学就能获得，不学就不能获得。经常学习锻炼就能保持和加强，长期弃置就会丧失。中央电视台为我们提供了生动实际的证据：

CCTV-4，2005年10月8日，在新闻60分节目中，播了以下镜头：一头成年的公水牛，被赶进有在动物园饲养了十多年的、一雌一雄狮子的厩里。只见水牛低着头，用角对着雄狮冲过去。雄狮被水牛吓得匍匐后退，退到无可再退的地方时，才一跃而起，躲过水牛，逃进另一间狮厩。雌狮则躲在厩的一角，爬在地上，看着水牛向自己的丈夫进行攻击。牛本来是狮子的捕食对象，本是怕狮子的。为什么会出现这种反常现象？原因就在这对狮子虽然长得同野生狮子一样威武雄壮，有尖牙利爪，但是，它们或是在出生后，为人工饲养，没有适时地在野生狮群中进行过猎杀捕食的学习锻炼，丧失了它本来能学会的捕食本事的时机，使它们没有捕杀能力；或是它们曾进行过猎杀锻炼，学会了捕杀猎食，但此后被人饲养，长期弃置不用，又使它们丧失了已经学会的本事，使它们反而怕水牛了。

2007年6月9日17时，CCTV-7《绿色空间·动物园的记忆》播放了长白山东北虎繁殖基地出生长大的一雌一雄两只东北虎放归野生前的训练片。这两只虎，长得同野生成年东北虎一模一样，都有血盆大口，尖牙利爪，虎虎生威。试验人员先将雌虎放到笼外，与一只公山羊放在一起。雌虎用前爪在山羊屁股上拨了一下，山羊回过头来，低着头，用自己的角，朝着雌虎顶去，雌虎就往后退，没有捕食山羊的野性。试验人员想，是不是雌虎胆小呢？于是把雄虎放出来，同样没有捕食山羊的野性。试验人员又把羊换成牛，牛还用自己的后蹄踢虎。就是人设法强迫老虎向牛进攻。人逼老虎向牛进攻，逼得老虎无法再退让时，虎也不知道要咬牛的致命之处，并且交手几下，就显体力不支。因此，试验人员认定，像这样饲养大的虎，没有像野生虎那样自幼随父母同类学习猎杀捕食本领，不会猎杀捕食，不具备野生能力。要它们适应野生，还必须进行增强体力，学习猎食本领的训练。

动物只有上述第一、第二两个层次的先天能力。这种先天能力共同的显著的特点是，其载体器官的形状、结构、功能，是从适应自然生存方式生存中进化而来，只适应适应自然生存方式生存。人是从动物进化来的。人也有这种要经过学习锻炼才能获得的先天能力。

第三个层次的先天能力，是人类得天独厚的、动物没有的先天能力，即人类的适应改造自然生存方式生存的先天能力。下面从七个方面来说：

1. 人的父代遗传给子代的基因，发育成子代的身体及其器官的形状、结构、功能，都是构成人的先天能力的物质基础，都是人的先天能力与动物不同的物质条件。

2. 人类独有的先天能力与第二个层次的先天能力的共同点是，父代遗传给子代的能够发育出能学会某种能力的器官的基因，发育成该器官，在子代出生后，必须适时地在以父母为主的群体中进行学习锻炼，才能获得该器官的先天能力。例如人类大脑独有的思维能力，但人类要获得思维能力，不仅要有思维的器官大脑，而且大脑还必须经过这种学习锻炼才能获得。如果没有这种学习锻炼，就不能获得它本来能学会的思维能力；如果错过了学习锻炼的最佳时机，视错过的程度，就会全部或部分丧失本来能学会的思维能力。

上述观点，不是通过实验证实的。因为拿人去作这种实验是不人道的。但是，1977年第4期《化石》杂志，刊登的《狼孩的启示》一文，为上述观点提供了事实的证据。现将该文摘要于下：

1920年，印度加尔各答东北的米德拉波尔城附近，人们看见两个神秘的动物，跟随在狼身边，在森林中出没。为了弄清真相，人们将狼打死。在狼窝里，发现了所谓神秘的动物，原来是两个裸体女孩。大的八九岁，小的两三岁。人们把她们带回来，送到当地孤儿院收养。大的取名叫卡玛拉，小的取名叫阿玛拉。次年阿玛拉病死时，卡玛拉为她流了眼泪。她们刚到孤儿院时，若是慢走，手和膝盖着地；若是快跑，手掌脚掌着地。白天躲起来，夜间活动。到深夜两三点钟，狼似的引颈长嚎。怕火、怕光、怕水。不让人帮她们洗澡。只吃肉。吃肉时，把肉放在地上，用牙撕着吃。除了很快像狗一样学会向收养她们的辛格太太要肉和水外，不与他人交往。卡玛拉仅能懂得相当于人的六个月大的婴儿能懂的事情。经过艰苦训练，两年后会直立，六年后才能艰难地直立行走，快跑时仍旧四肢并用。四年学了六个单词，听得懂几句简单的话。七年学会了45个单词，勉强能说几句简单的话。最后三年才学会晚上睡觉，怕黑暗。到她约17岁病死前，虽经过了九年之久的训练，也未能真正学会说话，智力只及三四岁的正常儿童的水平。这就是轰动一时的“狼孩”事件。

这个事件清楚地表明，尽管卡玛拉是人，有她的父母遗传给她的能发育出能学会人的各种独有的能力的器官的基因。由于这些基因发育成器官，在她出生后，没有在父母和人群中学习锻炼，使她丧失了本来能学会的只有人才能学会的能力。

3. 人类是怎样获得这种独特的优秀的先天能力的？人的先天能力和动物的先天能力来源的共同点是，都来源于各自的生存方式形成过程中的磨砺打造，引起遗传变异、自然选择等进化过程。人类的先天能力和动物的先天能力来源的不同点是，即人类的独特的优秀的先天能力来源于人类的独特的、最具优越性的生存方式，即来源于劳动的改造自然的生存方式的形成过程中。这个过程大致是：约600万年前，人类的原始祖先还是猿类的一个分支。就在这个时候，这个猿类的分支，开始和其他猿类分别进化，成为人类的最原始的祖先。这支分化出来的成为人类原始祖先的猿类，在一代一代不断谋求生存和发展中，朦胧地感觉到使用天然工具的优越性，使用天然工具就逐渐成为他们谋生的一种手段。接着，为了获得更好用的工具，对天然工具进行改进加工。天然工具经过改进加工后，比没有经过改进加工的天然工具好用，加工的天然工具就成为他们一代一代传下去的群体行为。随后，在一代一代改进加工天然工具的基础上，发展为自己制造工具，发明创造工具，开始了劳动，逐渐发展为依靠劳动生存发展。这就是这支猿类漫长的从适应自然的生存方式生存，向人类的改造自然的劳动生存方式生存的转变的过程。与这个过程同步，人类的猿类祖先，按照改造自然的生存方式生存的要求，即按照劳动及其发展的要求，经过约600万年的磨砺打造自己的身体及其器官，不断引起遗传变异，自然选择，从低级到高级、从简单到复杂的进化过程，在实现从适应自然的生存方式生存转变为改造自然的劳动生存方式生存的同时，猿的基因进化成能发育出具有能学会改造自然的先天能力的器官的基因，实现了从猿到人的转变。这就是人类特有的优越的先天能力的来源。每个现代人的身体及其器官的形状、结构、功能，都是这一转变过程进化的产物，同时反过来又成为这个转变过程的历史的证据。以人的手和现代猿的“手”相比较，人的手掌上长了五个指头，大拇指朝向一边，其余四指朝向另一边。劳动时，握锄头，扶犁耙，吃饭时，拿筷子端碗、写字时握笔等都能流畅自如。现代猿的“手”则不是这样。这就表明人的能劳动的手，是从猿类的适应自然的生存方式生存的“手”，按照劳动的要求，磨砺打造，使猿的能发育出猿“手”的基因，不断发生遗传变异，自然选择，进化出能发育成能劳动的人手的基因，一代又一代地遗传，一代又一代地都能长出如此天衣无缝地完全适合劳动、适合改造自然生存方式生存需要的手。不仅人手是如此，人的身体及其一切器官的形状、结构、功能，包括人的头、大脑的形状、结构及其思维能力在内的、人类一切独有的优秀的先天能力，都是在这个过程中按照劳动的要求，磨砺打造进化而来的。用恩格斯的话说，就是：“劳动创造了人类本身。”

4. 人的身体及其器官的形状、结构、功能的各种先天能力，是以大脑及其思维能力为中心、适合劳动需要、适应改造世界的生存方式生存的、互相协调、互相促进的有机统一体。例如，手脚分工；直立行走；头长在身体的顶端；面部与地面垂直，面向正前方；头能适度向上向下向左向右灵活转动等，这样的器官组合，一方面有利于信息的收集与反馈，有利于大脑指令各器官，有利于各器官执行大脑的指令；另一方面，这样的器官组合，特别是头长在身体的顶端，有利于大脑更好的发育和发展，满足思维能力发展的要求，进而更好地满足改造世界生存方式生存的需要。又如，人的口腔、舌、喉、气管、肺、胸腔等器官，空气进出流通顺畅，一方面组成了最佳的呼吸系统，给大脑和全身提供充足的氧气；另一方面，更妙的是，他们还组成了语言表达思想、进行信息交流的系统，反过来又促进大脑的思维能力的发展。

5. 人类有哪些独有的优秀的先天能力呢？主要有：思维能力，语言交流思想和信息的能力；通过学习锻炼，提高自己的各种能力的能力；运用已知知识、技术、技能，再造某些事物的能力（这里用“某些事物”，是因为不是一切事物都是人能再造的。例如人能反复种出水稻，但不能再造一个地球或太阳）；运用已有知识、技术、技能，创造新事物的能力。在众多的先天能力中，最为重要的是思维能力。在思维能力中，最为重要、最为核心的是人的大脑具有能学会逻辑推理能力，在实践基础上，进行从感性认识上升为理性认识、科学抽象的理论思维能力。正是这种先天能力，使人具有认识事物的本质和物质运动规律，进行创造，改造世界的能力。使人类具有建立和发展各门科学体系的能力，不断提高自己的能力的能力。

6. 对人类的发展长河来说，人类的认识和改造世界的能力、人类的创造力的发展是无限的。但是，对人类社会发展一定阶段来说，由于主客观因素的制约，人的认识和改造世界的能力及其发展，又是有限的。例如，一个人生命和精力是有限的，人的认识和改造世界的能力及其发展，也是有限的。因此，人类只能认识该时代能认识的事物，实现该时代能实现的历史使命，只能创造出该历史时代所能创造出来的东西。这就决定了每个人只能在自己所处的客观历史条件许可的情况下，尽可能发挥自己有限的生命和精力的作用，在人类认识和改造世界的长河中，尽可能地认识自己能认识的事情，作出自己能作出的贡献。

7. 创造力是人类独有的先天能力。人们对创造力认识上的分歧，主要表现在创造力的先天来源上。不外两种观点：一种观点，生物进化论的观点，即人先天就有能学会创造的能力。这种先天能力是人的猿类祖先从适应自然的生存方式生存、转变为改造自然的劳动的生存方式生存的过程中，根据劳动的要求，创新和创造工具和生产技术的要求，不断磨砺打造自己的身体及其器官，不断引起遗传变异，自然选择，从低级到高级、从简单到复杂的进化成人类的过程中获得的。另一种观点即“神赐论”。例如，本章第一节引用的迈克尔•米哈尔科概括的“创新能力是一种天赋，只有少数人生而有之”；“创新是灵感的突然爆发”；“创新没有章法可循，因此无法通过学习获得”等观点。这些观点不论用什么方式表达，最后都会归结到“神赐论”上去。因为如果要问，创新能力这种天赋，为什么少数人能生而有之，大多数人则生而没有？少数人是怎样生而有之的？又如，如果进一步问什么是灵感？为什么少数人会有灵感，而其他人没有？既然创新无章法可循，无法通过学习获得，他的创新能力是怎样得到的，而其他人则得不到呢？这样的问题是无法回答的。这样去追究其根源，最终都必定因不了解创造力是什么能力，找不到实在的根据，只好请神来帮忙，说是上帝赐给的，从而陷入“神赐论”。创造力既然是神赐的，自然就不存在解放创造力的问题，“神赐论”就成了桎梏创造力的枷锁。

把上述两种创造力的来源的观点进行比较，有助于人们的创造力从“神赐论”的束缚中解放出来。

(1)前者认为，创造力的先天来源，对每个人都是公平的，因此，只要是发育正常的人都有能学会创造的能力；后者认为创造力只有少数人生而有之，不是对每个人都公平的。

(2)前者认为，创造力只是先天具有能学会创造的器官，并不是能直接用于解决创造中的实际问题的知识、方法和能力。任何人都只有通过后天的创造实践才能获得创造力。后者则认为，创造力不是学来的，是神赐给少数人直接用来解决创造中的实际难题的起决定作用的力量。

(3)前者认为，虽然从总体上说，创造力的先天来源对每个人都是公平的，但由于人与人之间的先天条件的差异，实际上人的先天能力、包括先天的能学会思维的能力和创造的能力，是有强弱差别的。但是，这种差别，同人与人之间在后天学习锻炼中获得的能力的巨大差别相比较，是极其微小的；而且一般地说，这种差别，通过后天学习锻炼是可以弥补的。后者则认为，有没有创造力、创造力是强是弱，要看神是不是赐给你、赐给你多少，而且，这一切注定是不能改变的。

通过上述比较，孰对孰错，就比较容易搞清楚了。一切说不出真实的能力来源的能力，最后都会归结为超自然的能力，走向“神赐论”。这种观点，是自欺欺人，绝不可信的。

人的先天能力问题就探讨到这里，下面说人的后天能力问题。

人的先天能力，只是为人提供了后天能学会认识和改造世界的器官，即提供了物质基础和前提条件。这种物质基础和前提条件，对每个发育正常的人都是公平的，是每个发育正常的人，通过遗传，都自然而然就有的。由此可见，一个人的学问多少，水平高低，能力强弱的差异，不在有没有先天能力，而在后天学习锻炼的好坏。因此可以说，后天的学习锻炼是人获得认识和改造世界的能力的唯一来源，后天的学习锻炼如何，就成了一个人的学问多少，水平高低，能力强弱的决定因素。这就告诉我们，要想把握自己的命运，就要抓紧抓好自己的后天的学习锻炼。每个发育正常的人，只要敢于学习锻炼，善于学习锻炼，提高认识和改造世界的能力，解放创造力，发挥自己的知识和创造力的作用，就能把握自己的命运。

怎样才能搞好自己的学习锻炼？这个问题，有很多前辈向我们提出了精辟忠告，这里不重复。这里仅补充几点可能有益的看法：

①要做到有了本事去创造机会，不要机会来了没本事。这就是要立足于己。因为在人类社会中，是充满竞争的。每个人的成长，都会面临“优胜劣汰”竞争。而竞争中成功的概率，一般地说，总是本事多，机会多；本事好，机会好；本事大，机会大。本事从何而来？唯一的手段就是学习锻炼。因此，与其嗟叹自己没有碰到机会，不如转而努力学习社会需要的真本事。

②学本事，忌浮躁。一是要克服“读书无用论”。“读书无用论”是大学生中相当普遍存在的一种错误认识，在大学生毕业后找工作越来越困难的情况下尤盛。例如，有同学喊出“60分万岁”的口号，实际上是读大学混文凭的思想。产生这种错误认识，有主客观原因。客观原因是自己做不了主的，这里不探讨。从学生的主观方面来说，主要是对从学知识到用知识的转化过程无知而产生的错误思想。从学知识到用知识的转化过程，首先，是要有知识。没有知识何谈用知识！其次，是你有了知识，你还有你看不看得到知识的用处的问题。再次，看得到知识的用处，你还有你用不用知识的

问题。最后，你用知识，你还有你善不善于用知识的问题。“读书无用论”对学生来说，往往是看不到知识的用处、或有知识不用、或不善于用知识而产生的错误思想。学知识要学到能用、善用，仅靠在学校学习，是很难解决的问题。必须经历一个从学习实践到工作实践的磨炼和积累过程。磨炼和积累是很费心费时的。你还没有经历这个磨炼和积累过程，就作出“读书无用论”的判断，岂不是太浮躁了吗？磨炼和积累知识贵在扎实有恒，踏踏实实地学，一步一个脚印，一点一点地积累，才能功到自然成。人不能一口吃出一个胖子，学习不能一蹴而就，不可急功近利，急于求成。急于求成必不成，不成就必定浮躁。为此，借用一副对联故事，来帮我们认识学习既强调学习要勤奋，持之以恒，又强调要遵循学习规律，循序渐进，扎扎实实，反对浮躁的道理。有一回，陶渊明在田地中看禾苗，他的学生跑来向他问求学之道。陶渊明对这个学生说，你不是看见我在看禾苗吗？求学之道就是：“勤学如春苗，未睹其长日有所长；辍学似砺石，不见其损日有所损。”我国物理学界老前辈、著名物理学家严济慈，对这副对联作了通俗化的改动，用来勉励青年。严老是这样改的：“勤学如春起之苗，不见其长，日有所增；辍学如磨刀之石，不见其损，日有所亏。”这里“春起之苗”、“磨刀之石”两个比喻告诉我们，懂得其中的勤、长、增，辍、损、亏的哲理，是能不能做到不浮不躁，扎实学习，学到过硬的本事的关键。

③学习锻炼，要练见常人之常见，得常人之未得的过硬本事。首先，要学会分析矛盾的特殊性，只有学会分析矛盾的特殊性，才能见常人之常见，得常人之未得。其次，要有创新意识，要学会创新。所谓创新意识，所谓创新，就是要见到事物，深入想想它的本质是什么，有什么运动规律，把它挖掘出来；细想它与其他事物之

间有什么联系，从中发现它的用处，然后千方百计地把它利用起来。这就是发现创新课题，解决创新课题。这就是见常人之常见，得常人之未得的过硬本事。CCTV—10“我爱发明”节目中播了一个中学生的发明：一天，这个中学生看到汽车司机在油箱里没有汽油时，用一根导管一头插入汽油桶里，司机用口衔住导管的另一头，用力吸气，然后迅速将导管插入油箱口里，利用虹吸原理往油箱里灌汽油。这样做完后，司机连连往外吐吸进口里的油。这是司空惯见的事。多少年来，没有人去想办法解决这个问题。但是，这个同学见后，想出了在导管中间部位做成拳头大小的椭圆形气囊，用手捏气囊代替用口吸，既省事，又避免了汽油吸进口里的问题。这个创新申请了专利，还卖到了外国。谁看到这个发明，谁都说好。谁看到这个发明，谁都不能不承认自己也有作出这种发明的能力。为什么你没有作出这种发明呢？就是你缺乏“见常人之常见，得常人之未得”的本事，缺乏创新意识。

华南师范大学曾近义教授曾说：“世界上的事情，如果越是被人公认为正确的东西，你能证明其为正确，或是越是被人公认为是错误的东西，你能证明其为错误，这种证明是不足为道的，充其量是增加一个证明而已。但是，如果越是被人公认为正确的东西，如果你能证明其为错误，这种创造性的证明，就显得越加伟大；同样，越是被人公认为是错误的东西，如果你能证明其为正确，同样显得越加伟大。”这里讲的就是“见常人之常见，得常人之长得的本事。”

二、创造力是什么能力？

要了解创造力是什么能力，只有到创造者在创造实践过程中，了解他们使用了什么能力，才能从中科学抽象出符合实际的创造力定义。下面以赵鸿钧发明塑料大棚为例来说明：

2004年10月19日的《科技文摘报》，以“你可能知道塑料大棚被誉为中国的‘第五大发明’，但是，你知道是谁发明了塑料大棚？”为题，摘刊2004年10月14日《瞭望东方周刊》的文章。从这篇文章介绍的赵鸿钧发明塑料大棚的创造实践中，可以了解到，“人人都有创造力，人人都能创新”；他在创造过程中使用的能力，仅仅是人先天就有的和后天学习锻炼中获得的各种能力，除此之外，没有任何其他特殊的能力参与；绝大多数人不搞创造，没有创造，不是他们有没有创造力，而是他们缺乏创新意识，只把自己的能力用于再现性劳动，没有把自己的能力用于创造。将这篇文章摘编于下：

1937年出生的赵鸿钧，1953年在山西农学院附属农业学校上学时，在一次偶然的机会里，他利用包装用的旧薄膜覆盖菜地，发现能使地温提高1～9摄氏度。从此就开始了他的薄膜农业研究的事业。此后的岁月里，他作出了一系列的薄膜农牧技术的发明。他发明的“太谷地膜”，比美国夏威夷开展的地膜覆盖作物研究还要早。他是中国和世界薄膜覆盖栽培作物最早的研究者之一。1964年他向农业部等部委首次正式提出地膜覆盖、小拱覆盖、大棚覆盖、薄膜鸡舍防寒、渠道防渗等17项农牧业应用技术，并附有他设计的一面坡式塑料大棚和用竹木结构造的悬梁吊柱式塑料大棚的图纸。他设计的晋阳塑料大棚，比日本设计的最节省钢材的17种同类产品还要节省。1978年前，他就出版了《农用塑料大棚》《塑料温室与蔬菜栽培》《前进中的我国塑料大棚园艺》等专著。由于有了这个发明，我国从20世纪90年代开始，塑料地膜、塑料大棚迅速从城郊发展到大田，从北方发展到南方，从平原发展到丘陵山区。如果没有塑料大棚，北方居民可能至今还在靠地窖储藏大白菜、腌萝卜过冬。按中国北方居民冬天每天吃0.5元的大棚菜计算，每天大棚菜的经济价值在1亿元以上。因为他的发明，改变了北方人冬天餐桌上羞涩的场面。他为提高人民的生活质量，发展农牧经济，作出了卓越的贡献。日本的内海修一、西班牙的瑞卡多、荷兰的威姆等专家，建议赵鸿钧教授申报世界和平奖（原文如此）。誉称塑料大棚为中国的“第五大发明”。但是，在国内，若问是谁发明了塑料大棚，几乎无人知晓。其实，早在20世纪80年代，我国农业界泰斗、时任中国农科院院长陈奎元就说过：“南有袁隆平、北有赵鸿钧，一个解决了吃粮问题，一个解决了吃菜问题；一个是杂交水稻之父，一个是塑料大棚之父，都是我国农业界的大功臣。”

上述介绍中，可以看到赵鸿钧教授作出塑料大棚的发明中，他使用了什么能力。从他作出发明的四个片段进行探讨：

（一）在一次偶然的机会里，利用包装用过的薄膜覆盖菜地，发现能使地温提高1～9摄氏度。在这个过程中，他使用的能力依次是：他同别人一样，对北方冬天地里不能种植，人们靠地窖藏白菜、腌萝卜过冬，这种苦日子，感受很深；他产生了创造意识，想有没有办法解决这个问题；看见了旧包装薄膜；想到了利用它覆盖菜地可能提高地温，有助于蔬菜生长，可能解决冬天吃菜问题；拿旧包装薄膜到菜地作覆盖试验；隔一定时间测量地温和覆盖了旧包装薄膜的菜地的地温；对两种地温进行记录和对比；作出了薄膜覆盖菜地能提高地温的发现。

（二）薄膜覆盖菜地后，发现薄膜直接覆盖在蔬菜上，蔬菜的生长空间很小，且易伤及菜苗，于是想到做成小拱棚可解决这个问题，因而发明了小拱棚。

（三）在接着的试验实践中，发现小拱棚虽在一定程度上解决了菜的生长空间问题，但并不理想，许多种蔬菜还是无法种植，而且操作费事，远不能满足大田作业的要求，因而把小拱棚改成大拱棚，又发明了塑料大拱棚。

（四）在继续试验时，又发现大棚的缺陷：难以大面积种植；人不能进入棚内进行作业；冬天抗寒抗风能力仍差；采光还是不够理想；作物生长空间有限，藤茎高的蔬菜无法种植等。经过反复构思和多次试验实践和改进提高，终于发明了现在常见的一面坡式塑料大棚：在菜地北面，建一堵高度适当的墙，挡住北风；从墙顶端往南的地面一定距离，搭上斜梁，梁上固定铺上农业专用塑料膜，吸收阳光，防寒保温；根据需要，也可做成塑料薄膜冬天铺上，夏天卷起的方式；上面还可设置用玉米秆做的卷帘，白天卷起，让阳光照射；夜晚放下，覆盖保温；根据需要，随着墙的高低、斜梁的长短变化，棚可大可小、可长可短、可高可低；棚的东西两头堵死，一头开门，人可进入棚内作业；棚内可增加多种设备，科学养殖。

从上述创造过程中都能清楚地看到，赵教授每一步想的和做的所使用的能力，无非就是他先天就有的和后天学习锻炼中获得的认识能力和实践能力。即他从现实生活中发现问题，就想到要解决这个问题（创造意识），就想方设法动手去解决这个问题。在解决问题的实践过程中，不断发现新的问题，不断解决新发现的问题。如此反复，从简单到复杂、从低级到高级、从一个方面向多方面扩展，获得了一系列的创新成果。除此之外，再也找不到他有什么特殊的能力来源和使用了什么特殊的能力。

赵教授做出上述发明创造所使用的能力，除了那些要用专门学科的知识才能解决的问题外，别人也是有的能力作出这种发明创造的，特别是学农的人能作出来的。别人为什么没有像他那样作出这种发明创造呢？原因不是别人没有做出这种发明创造的能力，而是别人碰到问题时，缺乏创新意识，没有把自己的能力用于这种创造。以下事实可以证明：在北方农村里，绝大多数居民的住房都是坐北朝南的，老百姓盖房都知道要坐北朝南，挡北风，迎阳光。冬天，老头子老婆婆出门晒太阳，都知道坐在北面有墙能挡风朝阳的地方。既然如此，难道能说他们连在菜地北边砌挡风牆、搭棚保温的知识和实践能力都没有吗？上述事实证明，这些人是有这种能力的。那么，为什么大家同样的饱尝依靠窖藏大白菜、腌萝卜过冬之苦，同样知道冬天蔬菜品种太少的问题存在，为什么赵教授发明了塑料大棚，解决了冬天吃菜问题，其他人想都没有想过要解决这个问题呢？这个问题的答案只能是：赵教授有学农的就要有从农业方面提高人民物质生活的责任感，有解决这方面问题的创新意识，不断追求完美的创新实践精神，因而把自己的能力用于这种创造。而其他人则在这个问题上，缺乏这种责任感、缺乏创新意识和不断追求完美的创新精神，因而没有把自己的能力用于这种创新和创造。由此可见，创造力不是什么特殊的能力，而是人们先天就有的和后天学习锻炼中获得的各种能力。人先天就有的和后天学习锻炼中获得的能力，本来就有两种用处：一是用于再现创造成果；二是用于创造。大多数人之所以没有创造成果，并不是他们没有创造力，而是他们缺乏创新意识，没有把自己的能力用于创造。这就证明，只要是发育正常的人，“人人都有创造力，人人都能创新”。

当然，创新是存在简单和复杂的区分的。是不是复杂的创新要有特殊的天才参与才能实现呢？实际情况是，即便是再复杂、再深奥的发明创造，只要一步一步地搞清楚创造者在创造过程中使用了什么能力，同样能证明他们所使用的能力，无非就是他们先天就有的和后天学习锻炼中获得的各种能力。

20世纪科学发现中，最令人感到神奇叫绝的莫过于爱因斯坦创立的狭义相对论和广义相对论。爱因斯坦是怎样看自己的创造成果呢？1933年的一个秋夜，享誉全球的爱因斯坦来到柏林东区曼哈顿街工人学校和工人们交谈。工人们说，“您的头脑怎么那么好使，而我们对电话这一头说话，那一头就能听见、一按电门开关，电灯就亮了等东西都不懂得呢？”爱因斯坦说：“那是因为你们没有进过学校，没有学习关于它们的知识。”一个工人好奇地问：“听说您创立的相对论，世界上只有十几个人懂得，是吗？”爱因斯坦沉思片刻后说：“嗨，那不过是夸张的说法。如果你在一个漂亮的姑娘身旁坐一个小时，你只觉得坐了片刻；反之，你如果坐在一个热火炉上，片刻就像一个小时。这就是相对的意义。这当然是好懂的。如果有人存有怀疑，而又想试验一下的话，有谁不会宁愿做那个同姑娘坐在一起的人，而把火炉留给那个怀疑者呢？……”爱因斯坦就是这样说明学习锻炼是人的能力唯一的来源，用通俗有趣的比喻，帮助人们了解相对的意义。爱因斯坦坚决反对在创新中，创新者有特殊的能力来源和有特殊的能力的观点。1939年，人们在实验中发现，铀原子核在裂变时，会放出巨大的能量。这是对爱因斯坦三十多年前提出的质能公式E=MC2的验证。因此，一些人热烈地称赞爱因斯坦是伟大的天才等。爱因斯坦知道后，却郑重地解释说：“有人称我为天才，或是这一类东西。可是，我阿尔伯特•爱因斯坦向你们发誓，我并不是天才。”表明他作出发现所使用的能力，除了先天就有的和在后天学习锻炼中获得的各种能力之外，没有什么特殊的能力来源和特殊的能力。

发明大王爱迪生曾说，发明只靠1%的灵感，99%的汗水。

我国著名数学家华罗庚的诗中说：“勤能补拙是良训，一分辛劳一分才。”

我国古训说：“宝剑锋从磨砺出，梅花香自苦寒来。”

这里讲的勤、辛劳、汗水、磨砺、苦寒等，一方面表示人只有具有这样的意志和品质，去学习锻炼才能获得更多的知识和更强的能力；另一方面表示，只有具有这样的意志和品质，在运用自己的能力进行创新实践时，才能克服前进道路上的艰难险阻，获取创新成果。总之，从一切真正作出了发现发明、为人类的物质文明和精神文明作出过贡献的古今中外的人物的言论中、从人们为他们做的传记和对他们的业绩的报道中，至今没有发现有谁说过，他们是因为有什么特殊的能力来源使他们获得了特殊的能力，才使他们作出了这种创造性的贡献的。他们强调的反倒是，要勤奋刻苦学习锻炼，要有“精诚所至，金石为开”的开拓创新精神。

三、创造力的定义

经过本章上述的探讨，应当和能够对创造力是什么能力的问题作出回答了。下面这样的回答，可能比较接近客观实际：1. 创造力不是什么特殊的能力；2. 创造力就是你先天就有的和后天学习锻炼中获得的各种能力；3. 不是你没有创造力，而是你的能力没有用于创造。

这样来定义创造力的好处是：它能引导人们通过创新实践的办法来证明创造力是什么能力，来证明自己有创造力，来证明人的创造力是能提高的。这就能帮助人们识破各种错误的创造力见解和定义，使自己的创造力从这些错误的见解的束缚中解放出来，使人们从思想上接受“人人都有创造力，人人都能创新”的科学口号，投身创新活动，投身创新型国家的建设。

当然，作为词典的创造力定义，必须简明，不能像上面那样来表述。下面这样表述，可能接近词典的要求。

［**创造力**］人的能力用于创造。

既然如此，我的能力用于创新，也能做出有创造性的事情来。可是我的能力为什么没有用于创造呢？从主观上来说，主要是你的思维方式束缚了你的创造力。一般地说，人们是不大同意这种答案。他们往往会说："我怎么会束缚自己的创造力呢？"这虽然是大实话。但这只能表明你不了解自己的思维方式。要知道，束缚你的创造力的首先是你自己的思维方式。因此；为了解放你的创造力，能为建设创新型国家作贡献，你必须学会了解自己的思维方式和改造自己的思维方式。这正是下一章要探讨的问题。

第二章

解放创造力，要有科学的思维方式

解放创造力

既然人人都有创造力，为什么不是人人都有创造呢？原因不外两个：一是人们的创造力被主观因素桎梏了，二是人们的创造力被客观因素桎梏了。桎梏人们的创造力的客观因素，很多我们自己做不了主。但也不能消极对待，要发挥自身的各种优势加以克服。这个问题在这里不讨论。主观因素则是每个人都能自己做得了主的，因此，解放创造力首先要抓住自己能做得了主的做起。桎梏创造力的主观因素有很多，也不能一一探讨。本章要探讨的问题是为人们忽视了的、最主要的桎梏自己的创造力的主观因素——不科学的思维方式。解放创造力，就要克服不科学的思维方式，树立科学的思维方式。

探讨这个问题前，有三件事要向读者说明一下：

第一件事，本章使用的材料，主要是根据我1984—1988年间，在河北化工学院（现为河北科技大学）教《自然辩证法》选修课时，与每年的三年级共五个期班选修我教的课的共四百多同学一起，在教学科研中积累的资料为基础写出来的。1989年2月我满60岁退休时，这个科研项目并未完成。此后就只能在脱离了教学实践的情况下继续作这项研究，这就难免使我的研究工作，产生许多无法弥补的缺陷，并带到本书中。

第二件事情是，在本书中，我会提出问题，例如，“你是怎样使用自己的思维能力的？”读者先生，你怎样回答我提出的问题，我无法同你沟通。但是请你回答我提出的问题，并记住自己是怎样回答的。我请你这样做，是为了你便于和我在教学中我向同学们提出这个问题后，同他们的回答和他们获得答案的思维过程进行比较，同我讲的见解进行比较。这么做，对思维方式的探讨，可能会获得更多的一些实际体验。

第三件事情是，什么是思维方式？查了《新华词典》、罗森塔尔和尤金合编的《简明哲学词典》、《辞海》的哲学分册，都没有思维方式这个词条。《新华词典》有“方式”的词条。这个词条是这样表述的：

［**方式**］方法和形式。

本书采用这个说法，把思维方式表述为：思维的方法和形式。

下面分七节来探讨树立科学的思维方式问题。

第一节 你是怎样使用自己的思维能力的?

一探 你是怎样使用自己的思维能力的 ——你有思维方式吗?

我问同学们，你是怎样使用自己的思维能力的？同学们的回答，大体上可分为两类：

一类同学说，我没有想过这个问题。要是老师不问，根本不知道有这么一个问题存在。有的还说，一听老师提出这个问题，就觉得很新鲜。脑袋长在自己的脖子上，该怎么想就怎么想；想得对就对，想得不对，就再想想，从来感觉不到想问题还有个怎样想的问题。这类同学约占95%。

另一类同学说，听说过要学会用脑，自己也想过这个问题，但是，不知道怎样去搞清自己是怎样使用自己的思维能力的，也就不再费劲去想了。这类同学约占5%。

我用这个问题随机问过一些干部、教师、工人、农民，他们回答的内容、类型和所占的人数比例，大体上和上述同学的回答差不多。

问你是怎样使用自己的思维能力的？就是问你在认识事物和解决问题时，你用了什么思维方式或方法。

同学们对这个问题的回答说明了什么问题呢？思维方式问题非常普遍地被人忽视了，很多人根本不知道思维方式的存在的。当然更不知道怎样去搞清自己是怎样使用自己的思维能力的。第一类同学的回答，表明他们运用自己的思维能力去认识某种事物，解决某种问题，是有意识的、自觉的。即有我要认识某事物，我要解决某问题的自觉意识。但是，他们在认识事物、解决问题时，对怎样使用自己的思维能力、即用什么思维方式去认识和解决问题，则是不自觉的、是盲目的。他们不知道使用自己的思维能力，还有一个怎样使用思维能力的问题存在。第二类同学的回答表明，他们虽然知道有个要学会用脑的问题，但是，他们搞不清楚学会用脑是个什么问题，也不知道怎样去搞清楚学会用脑的问题，因此，他们对思维方式问题的认识，实际上还是和第一类同学一样，在我要认识某事物、我要解决某问题上，是自觉的。对怎样使用自己的思维能力、即用什么思维方式去认识事物和解决问题，也是不自觉的、盲目的。

在思维方式问题上，是不是像同学们说的，没有想到使用自己的思维能力还有一个使用的思维方式问题，从来感觉不到想问题还有个怎样想的问题，人们就真的没有思维方式吗？答案是否定的。正确的答案是：一个人只要是在认识事物和解决问题，无论是正确还是错误，都使用了一定的思维方式。这就是说，在思维方式问题上，不存在有无的问题，只有用的是什么思维方式的问题和思维方式科学不科学的问题。只不过人们对这个问题不自觉罢了。思维方式科学，能帮助你正确认识事物和解决问题，思维方式不科学，就会使你失误。思维方式科学不科学的问题，真的有这么严重吗？研究结果表明，真的有这么严重。这是可以证明的。现在就从同学们对“你是怎样使用自己的思维能力的”问题的回答开始，逐步来证明上述观点。

当我问你们“你是怎样使用自己的思维能力的”问题时，你们的回答，可不可以说，你们是自发地、本能地使用自己的思维能力呢？或者说你们是自然主义地使用自己的思维能力呢？对此，有同学感到意外，表示默认。

我问：自发地、本能地使用自己的思维能力，是不是一种思维方式呢？同学们微笑。

又问：既然如此，你们为什么不知道使用自己的思维能力，还有一个思维方式的问题呢？

有同学说：我从来感觉不到想问题还有个怎样想的问题，感觉不到我回答这个问题时，我使用了什么思维方式。

我进一步问：凭感觉去判断一个事物是不是存在，例如，你们现在凭感觉判断你们没有使用什么思维方式，是不是也是一种思维方式呢？

同学们笑了。

我说，这么多同学，谁也没有和谁商量过，几乎像一个模子铸出来的一样，都用这种思维方式回答这个问题。是不是可以说，自发地、本能地使用自己的思维能力，凭感觉判断自己没有使用什么思维方式，是你们回答这个问题时的共同的思维方式呢？是不是可以说，这种思维方式在你们中具有相当大的普遍性呢？

同学们发出一片笑声。

我又问：你们为什么看不到自己存在的这种思维方式呢？

同学们想了想后，有同学说：感觉不到自己的思维方式的存在，正好是自发地、本能地、自然主义地使用自己的思维能力的表现。

通过以上的讨论，同学们表现出有所获的样子：1. 在思维方式的问题上，了解到不存在有无的问题，只有用的是什么思维方式的问题，只有思维方式科学不科学的问题；2. 他们在一定程度上了解到，自发地本能地使用自己的思维能力，或者说自然主义地使用自己的思维能力，凭感觉来认识事物和解决问题，是人们相当普遍存在的一种思维方式，这种思维方式是不科学的。

二探 你是怎样使用自己的思维能力的——你是什么思维方式？

要了解你在认识事物、解决问题时，你使用了什么思维方式，必须到自己认识具体事物和解决具体问题中去了解。因为人们认识事物、解决问题的思维方式，总是存在于对具体事物的认识过程中，总是存在于对具体问题的解决的过程中。

每个人都有互不相同的要认识的事物、要解决的问题。这些问题，对自己的思维方式作调查，都是可用的。但是，现在是在课堂上作教学实验调查，如果把你们的互不相同的要认识的事物、要解决的问题都摆出来，作为思维方式调查对象，就会带来各搞各的不便和困难。如果能提出两个问题，请你们都来回答和解决这两个问题，然后一起探讨我们在认识和解决这两个问题时，使用了什么思维方式，为什么使用这样的思维方式，就不存在上述困难了。下面我们就作这种出题的调查。

第一题　设地球赤道为正圆，有一根绳和赤道等长。将这根绳子延长10米后，再在赤道外绕圆。问延长后的绳子在赤道外绕的圆，离开赤道的距离能不能大于1米。（原题引自《中学生数理化》）

题目出来后，多数同学反应很快，信心十足地说了两个字："不能。"个别同学表现出不屑于回答这么明摆着"不能"的低级问题的样子。少数同学表现出谨慎，没有回答。总之，在课堂上没有一个人回答说"能"的。

我问：你们是怎样得到"不能"的答案的？

同学们十分干脆地说：这是明摆着的。地球那么大，地球的半径是6400多千米，赤道是那么长，这根绳子才延长10米，同赤道的长度相比，和没有延长差不多，抖落几下，延长的10米就没有了，用它在赤道外绕圆，它离开赤道的距离，怎么可能大于1米呢！

我问：你们是通过什么思维方式才获得这种答案的？

同学们经过一阵议论后，有同学说：世界上谁也没有拿那么长的绳子在赤道上绕圆，也没有谁把这根绳子延长10米后，再拿到赤道上去抖落，在赤道外绕圆。我们活龙活现地说不能大于1米，就好像曾经经历过这种事情，似乎证明了它不能大于1米一样。其实，这些都是我们根据这个题目想象出来的。

我说：你们作出这样的想象，并没有实际根据，这究竟是想象，还是臆想呢？

同学们说：我们说它不能大于1米的根据，都是自己编出来的，说它是臆想更准确。

我说：我们暂不探讨这个答案是否正确，请你们先探讨你们回答这个问题时，你们用了什么思维方式呢？

同学们又经过一阵议论后，有同学说：我们的这些描述，似乎是曾经真的这么做了一样。其实，我们是凭感觉臆想出来的。有同学进一步说：这就是凭感觉臆想出来的感性经验。就是这种感性经验告诉我们：和赤道等长的绳子延长10米后，在赤道外绕圆，绳子离开赤道的距离不可能大于1米。因此，我们是凭臆想出来的感觉和感性经验的思维方式来回答这个问题的。

这个问题暂时讨论到这里。

第二题　牛的头上长了耳朵和角，以耳朵为准，问牛角长在耳朵的哪个方向？（此题源自一个兽医考我。）

同学们看到这个题目后，既惊讶，又困惑。在寻求答案的讨论中，有很多同学说，我们多数是从农村来的，常常看见牛。有的还说，我喂过牛。怎么搞的，这么熟悉的牲口，我怎么会对它的角长在耳朵的什么方向上这么简单的问题也答不出来呢？有个同学还伸出两个手指当做牛角，在自己的耳朵的上下前后，比画来，比划去，还是搞不清角长在耳朵的什么方向。他说："这是怎么搞的，一会儿觉得角长在耳朵的哪个方向都像牛。一会儿又觉得角长在耳朵的哪个方向都不像牛。这个问题还真把我搞糊涂了。"引得同学们满堂大笑。

经过一番探讨，都没有得到结果。于是我请同学们探讨他们在寻求这个问题的答案时使用了什么思维方式。同学们纷纷说，我们是从回忆以前看到过的牛，来寻求牛角长在耳朵的什么方向的。记忆就是我们回答这个问题的思维方式。

我说：对。通过记忆来认识事物和解决问题，也是一种思维方式。你们记得的是什么呢？

同学们说：是过去看到牛时产生的感觉，和由这种感觉形成的储存在头脑里的印象。

我又问：可不可以说，你们是凭记忆过去对牛的感觉中获得的印象来回答这个问题的？

同学们点头认可。

我说：你们记得的是过去看到的牛，这种记忆就变成了你们的经验。只不过这种经验是你们的头脑对过去的牛的感觉的基础上产生出来的，因此，这种经验实际上是感性经验。既然是这样，是不是可以进一步说，你们是单凭你们的感觉和感性经验来回答这个问题的呢？

同学们点头，表示可以这样说。

我进一步说：你们这么多人都单凭感觉和凭感性经验来回答这个问题的，是不是可以说，单凭感觉和感性经验的思维方式，是你们共同的经常用的思维方式呢？是不是又可以说，单凭感觉和感性经验的思维方式，在你们思维方式中有很大的普遍性呢？

同学们笑了。

问：你们这么多人，为什么都单凭感觉和感性经验来回答这个问题？

答：自发地、本能地使用自己的思维能力呗！

问：自发地、本能地使用自己的思维能力，单凭感觉和凭感性经验来回答这个问题科学不科学？

答：上述问题我们都回答不了，这种思维方式当然不科学。

我说：既然这种思维方式不科学，你们为什么会用这种思维方式认识事物和解决问题？

同学们对这个问题，面有难色。

我说：单凭感觉和感性经验认识事物、解决问题的思维方式，有这样大的普遍性，是有深刻根源的。这个问题放到后面再探讨。这里只是先提醒一下，为以后的探讨作个思想准备。

通过上面两次探讨“你是怎样使用自己的思维能力的” 问题，同学们对怎样使用自己的思维能力的问题，又获得了以下新的认识：

一、一般地说，人们不仅不了解使用自己的思维能力还有一个思维方式问题，而且更不了解或更没有意识到，还有一个思维方式科学和不科学的问题。

二、一般地说，在缺乏思维科学知识指导或没有外部提示的情况下，人们不仅很容易自发地、本能地使用自己的思维能力，而且在这样使用自己的思维能力的情况下，往往容易单凭感觉和感性经验的思维方式来认识事物和解决问题。

三、自发地、本能地使用自己的思维能力，单凭感觉和感性经验认识事物和解决问题的思维方式，像上述这样的问题都回答不了，表明这种思维方式不科学，是妨碍自己的知识和能力发挥作用的障碍，是束缚人们的创造力的枷锁。

上述测试和“脑筋急转弯”的区别

20世纪90年代，我用上述两个题目问同院住的一个小学老师，他说你这是搞“脑筋急转弯”。因此，在这里有必要说明一下，上述测试和“脑筋急转弯”的区别。

20世纪80年代，我出上述两个题目对同学们进行了测试的时候，电视节目中还没有“脑筋急转弯”这样的节目。我用这样的题目测试这些同学，能得到上述这样的测试结果。后来，电视节目丰富了，电视节目中就出现了“脑筋急转弯”这类节目。由于这种节目有一定的趣味性，能丰富人们的知识，培养人们遇到问题时迅速作出正确判断的能力，很受人们喜爱。有的单位为了赢得这类竞赛的胜利，还专门组织“脑筋急转弯”这类训练。这样就造成人们对别人的提问的回答有很高的警觉性了。因此，如果现在拿上述第一个测试题来进行测试，人们就可能认为这是搞“脑筋急转弯”。人们就可能不单凭感觉和感性经验的思维方式来回答问题了，这就会使测试的结果不一样。如果出现这种情况，我们前面作的思维方式问题的试验和论证是不是还正确呢？我们认为，这并不妨碍我们通过上述测试作思维方式的研究，因为快速作出正确或错误的回答，也要使用一定的思维方式，同样可以探讨思维方式问题。我们的测试和“脑筋急转弯”之类的测试不同之处是，“脑筋急转弯”之类的测试，都是作完测试知道答案之后，就算达到目的了，没有谁在作完这类测试之后，还会去探讨被测试的人员在回答问题时使用了什么思维方式。我们则不同，我们的目的在通过测试，对测试者回答问题的思维过程进行剖析，学会了解自己和别人在认识事物和解决问题时使用了什么思维方式，进而了解思维方式在认识中的重要地位和作用，引起人们对培养科学思维方式的重视。因此，用这样的测试方法来研究的思维方式问题，无论回答快慢、正确与否，都是可行的、有益的。

第二节　单凭感觉和感性经验的思维方式的实质

自发地、本能地使用自己的思维能力，单凭感觉和感性经验来认识事物和解决问题的思维方式有这样大的普遍性，又不科学，那么，它的实质是什么呢？它的实质就是把自己的认识停留在感性认识水平上。用哲学的行话来说，单凭感觉来认识事物和解决问题的思维方式的实质，就是感觉论；单凭感性经验来认识事物和解决问题的思维方式的实质就是经验论。

什么是感觉论呢？罗森塔尔和尤金编的《简明哲学词典》说，感觉论是“一种承认感觉是认识的唯一来源的哲学学说”。感觉论，或单凭感觉认识事物和解决问题的思维方式，实际上是认为只有自己的感觉是唯一正确的。既然认为只有自己的感觉是唯一正确的，就必然认为感觉是认识的唯一来源。因此，碰到要认识的事物和要解决的问题，就单凭自己的感觉来认识和解决，自然就是感觉论了。

什么是经验论呢？上述《简明哲学词典》说，经验论是“认为感性经验是知识的唯一来源的哲学学说”。单凭感性经验认识事物和解决问题的思维方式，实际上是认为自己的感性经验是唯一正确的认识。既然认为自己的感性经验是唯一正确的认识，就必然认为自己的感性经验是知识的唯一来源。因此，碰到要认识的事物和要解决的问题，就单凭自己的感性经验来认识和解决，自然就是经验论了。

感性经验是在对同一事物的多次感觉，每次感觉相同的基础上形成的。因此，经验论产生的条件和基础，归根到底是认为感觉是知识的唯一来源。

感觉和感性经验就是毛泽东在他的《实践论》中说的感性阶段

的认识，即感性认识。他说：“认识的感性阶段有待于发展到理性阶段。”而单凭感觉和感性经验、即感觉论和经验论的认识事物和解决问题的思维方式的错误，就在于认为感觉和感性经验是唯一正确的，是知识的唯一来源。这样自然就不会想到要使自己的感觉和感性经验向理性阶段发展，使自己的认识停留在感性认识水平上。

通过上述探讨，我们对你是怎样使用自己的思维能力的问题的认识又进了一步，知道单凭感觉和感性经验认识事物和解决问题的思维方式的实质，就是感觉论和经验论。

既然这种思维方式是不科学的，就要克服这种思维方式。要克服这种思维方式，就要进一步探讨这种不科学的思维方式在人们中究竟有多大的危害性和普遍性。只有这样，人们才会对它提高警惕性，提高克服这种不科学的思维方式的自觉性和积极性。

第三节　感觉论和经验论的思维方式的危害性和普遍性

自发地、本能地使用自己的思维能力，凭感觉论和经验论去认识事物和解决问题的普遍性和危害性有多大呢？要认识到这点，最有效的方法是剖析大量的用科学的思维方式去认识事物和解决问题而获得成功、用感觉论和经验论的思维方式而造成失误的事例进行对比；特别是列举和剖析那些学富五车，智慧很高、知名度很大的政治家、军事家、科学家、哲学家曾经获得过众多了不起的成就的人物，他们在主客观因素的影响下，失去警惕时，发生过的自发地、本能地使用自己的思维能力，用感觉论和经验论的思维方式认识事物和解决问题，导致发生失误的事例，进行剖析，更能帮助我们看到这种思维方式的普遍性和危害性，使我们从中接受教训。因此，下面不惜用较大篇幅，列举有关方面的故事，供读者剖析。我们采用三种方法列举：1. 列举实例，然后进行剖析；2. 列举实例，提出某些问题，然后请读者剖析；3. 更多的是，只列举实例，请读者自行剖析。从五个方面来举例：

第一方面　日常观察所得的三例

在日常生活中，只要我们注意观察思考，就很容易发现这种思维方式相当普遍和具有危害性。下面仅举三例：

（一）

我读小学中学时，每逢数学考试，遇到不会做的题目，常常发蒙。不是理性地首先了解题目要解决的问题是什么，题目中给出了什么条件，然后分析这些条件与要回答的问题之间有什么关系，特别是分析自己学过的知识中，有哪一些知识与这些条件和要解决的问题之间有什么关系，从这种分析中去寻求解决问题的办法，而是用拼凑答案的方法，想碰运气拼凑出正确的答案来。拼凑的结果是怎样的呢？没有一次成功的记录。我问同学们是不是也有这样的经历？很多同学说，有。

这里的问题是：你为什么会发蒙？拼凑答案的方法是什么思维方式？

（二）

20世纪80年代初，河北轻化工学院的浴室的淋浴，热水管和冷水管是分开的，冷水管和热水管的开关都没有冷热区分标志。热水管直接通锅炉，冷水管直接通自来水。由浴者自行调节水温和水量。洗澡的人是本校的教职员、学生、工人。我去浴室淋浴，发现有的人竟然不知道朝哪一边拧水龙头是打开水龙头，朝哪一边拧水龙头是关闭水龙头。要看朝哪边拧得动，朝哪边拧不动，看水龙头出水还是不出水，根据这些情况来判断水龙头是拧开还是关上。调淋浴水，不少人打开水龙头出水后，调水温水量，一会儿用手摸摸水管，一会儿用手接淋下来的水。一会儿水太冷了，从淋浴下跑出来；一会儿水太热了，又从淋浴下跑出来，搞得哄堂大笑。如果没有人教，他们就要经过多次这样的“试错”，才能调出水温水量适合的淋浴水来。有趣的是1988年在北京开“创造力与促进发明活动国际讨论会”及“发明者协会国际联合会”年会，我发现与会的我国代表住在旅馆里晚上去淋浴时，调节水温和水量，也用上面说的那种 “试错法”。

这里的问题是，难道他们真的没有能力和知识找到最快又最节约的调出适合的水温和水量的方法吗？是什么原因使他们不运用自己的知识和能力去找呢？

（三）

如果老师事先不作出交代，有的同学作实验时，常常是对实验的内容、目的、理论依据、要求、方法和步骤等都未搞清楚，就动手去作，作完一步再想下一步，手忙脚乱，没有章法。拆机件不搞清楚从哪里下手，先拆什么，后拆什么，见了螺钉就往下拧。拆的时候不考虑组装，到组装时就用“试错法”一件一件往上对。

这种做法是什么思维方式呢？

第二方面　科学技术界留下的教训

仅摘录科技发展历史中的四个故事：

（一）我们要的不是锅铲铲锅的声音

19世纪德国化学家李比希在英国一家染料工厂的制作工场考察，只见工场里排列着许多铁锅，锅里放着熬制染料的原料，锅底下烧着火，每个锅边站了一个工人，手持铁锅铲贴着锅不停地使劲搅铲，发出刺耳的噪声。这时，工场的负责人走到李比希身边，向他热情自豪地介绍说：“我们厂生产的染料，铲的声音越大，染料的质量就越好。”工场负责人介绍后，李比希微微一笑。参观后，他立即回到住处，给国内写信报告考察收获。此后不久，德国生产的染料，产量更大，质量更好，质量更稳定。

这个故事说到这里先停一下，请读者先研究上述故事，并回答以下问题，然后再往下说。

1. 这位工场负责人向李比希作了这种介绍后，李比希为什么会微笑？李比希写信向国内报告考察的收获是什么？

2. 从这位工场负责人说的“我们厂生产的染料，铲的声音越大，染料就越好”的那句话来看，这位工场负责人是怎样使用自己的思维能力的？

现在接着讲上述故事。

李比希在给国内报告考察收获的信中说，我们的考察，要的不是锅铲与锅摩擦的声音，我们要的是锅铲与锅摩擦掉下来的铁屑，要的是用这种东西制染料的最佳配方比例。

这个故事讲完了。还要请读者来对比说明，这位工场负责人与李比希的思维方式有何不同？优劣何在？

（二）碘的发现

法国科学家巴拉尔作海藻提取碘的实验，发现每次提取了碘以后，总是剩下一层深褐色的液体，散发着刺鼻的臭气。巴拉尔对这种奇怪的现象进行了深入细致的研究，发现这种深褐色发臭的液体，是人类尚未发现的新元素——溴，并发表了题为“海藻中的新元素”的论文，轰动了化学界。著名化学家李比希看了巴拉尔的这篇论文后，想起几年以前，自己也作过相似的实验，看到过这种发臭的褐色液体，由于已知氯是散发臭气的，他就认定它是氯化碘。他还在有这种液体的瓶子上，贴了他写的“氯化碘”的标签。现在，他对此深为后悔自责。他把那个瓶子找出来，揭下“氯化碘”标签，贴到自己每天都能看到的床头上，警示自己。

这里要探讨的问题是：

从思维方式上来看，为什么李比希看到了溴元素，却没有发现溴？

（三）氧的发现

舍勒、普利斯特列等化学家都曾经在事实上制出了氧，是什么原因使他们把发现氧的桂冠留给了拉瓦锡呢？请看以下故事：

1

1773年以前，瑞典化学家舍勒用两种方法制出了纯净氧。他还用实验证明大气中存在他制出的这种气体。并且说，当物体在这种气体或空气中燃烧，这种气体便消失了。因而他把这种气体叫做“火气”。1775年年底，写成了《论火与空气》。他是“燃素说”的信徒，他认为燃烧是火气与燃素化合的产物。从而失去了摘取发现氧的桂冠的机遇。

2

1771年，英国化学家普利斯特列作加热硝面的实验制出了氧气。他把点燃了的蜡烛放入制出的气体中，发现烛光比在空气中更加明亮。但他认为这是空气中混入了硝石微粒造成的。

1774年8月1日，普利斯特列又用凸透镜聚焦光，做加热充满水银的细长的玻璃瓶中的汞灰。他收集汞灰中放出来的气体，进行燃烛实验，火焰突然鲜亮；他把老鼠放入这种气体的密封瓶中，发现老鼠的存活时间，比放入容积相等、密封空气的瓶中存活的时间约长四倍；他亲自尝试一下，“觉得这种气体使呼吸轻快了许多”。这个时候，他中断实验，外出旅游。

直到1775年3月，普利斯特列重作了一系列的实验，确认这种气体是一种不同于其他气体的物质元素。由于那时认为燃烧物质之所以能燃烧的理论认为，是因为该物质含有燃素的“燃素说”。“燃素说”统治化学界已有一百多年。普利斯特列是“燃素说”的信徒，“燃素说”使他改变了上述看法，使他仍然认为空气是单一的气体，燃烛在这种气体中之所以突然鲜亮，是因为它的燃素的含量不同，因而助燃力也不同造成的。汞灰中分解出来的气体之所以助燃力特别强，是因为它是一点空气都没有的燃素，它是“脱空气的燃素”。

3

法国化学家拉瓦锡在搜集整理前人对这种气体研究后获得的实证材料中，发现了“燃素说”的破绽。例如，俄国科学家罗蒙诺索夫通过实验指出，金属煅烧后重量增加，是因为金属吸收了空气的结果。又如法国化学家贝岩说，水银被煅烧时，不但不失去燃素，而且和空气化合，增加了重量。这些实证材料，显然与“燃素说”矛盾。

为了揭开这个矛盾的秘密，1774年，拉瓦锡重作博伊尔煅烧金属实验，不同的是，他认为实验成败的关键，是对被煅烧的金属在煅烧的前后的重量的变化和产生变化的原因的研究。因此，他把用天平精确称量过的金属，放入密闭的曲颈瓶中，再称总重量，然后煅烧。煅烧成金属灰后，再称总重量，发现总重量未变。倒出金属灰一称，金属灰的重量增加了。再称瓶中的空气，瓶中的空气重量减少了。特别巧的是，煅烧后的金属灰，比它被煅烧以前增加的重量，恰好等于瓶中空气减少了的重量。这就证明了煅烧金属灰的重量增加，是吸收了空气中的某种成分。就是这样，“燃素说”在他的实验面前失灵了。为了慎重起见，他更加严格和更加精确地作了验证实验。他先称汞的重量，放入实验容器中，然后将汞煅烧了20天，一直到烧到汞渣不再增多时为止，然后再重新称量。得到的结果与上一次实验结果完全一样。就是这样，他再次用科学实验证明了金属煅烧后增加的重量，是吸收了空气中的某种成分，从而证明了不存在什么燃素，“燃素说”是错误的。

但是，金属煅烧时吸收了空气中的什么成分呢？它为什么会被金属吸收呢？仍是拉瓦锡百思不得其解之谜。

1775年10月，普利斯特列到巴黎旅行，把自己发现“脱燃素空气”实验，原原本本地告诉了拉瓦锡。拉瓦锡一听，顿时明白过来，原来他苦心寻找的、能与金属化合、又有助燃作用的气体成分，是一种新的物质元素。他立即重作普利斯特列的实验，制取了这种气体，命名为氧。为了研究氧的性质，又作了两年精确严格的实验：分别燃烧磷、硫黄、木炭、钻石；将锡、铅、铁煅烧增重；分解氧化铅、红色氧化汞、硝酸钾；……对燃烧后产生的气体，一一加以归纳分析。他尊重实验结果。他认识到：被燃烧的物质，在它被燃烧前后，它的物质总量是不变的。即物质既不能创生，也不会消失。化学元素是“化学分析所达到的真正终点”。把他已知33种元素列成表。1777年他向巴黎科学院提交了科研报告《燃烧概论》。指出：①物体燃烧时与氧化合，因此重量增加；②物体只有在有氧的情况下才能燃烧，氧是燃烧绝对不可少的；③空气不是人们原来认为的那样，不是单一的元素；④金属是单质，金属灰是金属与氧互相作用形成的复杂的化合物，不是金属释放燃素后的煅灰。⑤根本就不存在所谓“燃素”。就是这样，拉瓦锡发现了氧，建立了氧化理论。

由于“燃素说”在当时化学界根深蒂固，拉瓦锡的氧化理论超前，化学界没有人敢出面支持他的氧化理论，有的化学家还坚决反对。例如，普利斯特列到1801年还认为“真理”（燃素说）必将战胜谬误。1803年，即他去逝的前一年，还出版了《论元素说的成就》。后来，科学家叶维居这样评价普利斯特列：“他是现代化学的父亲，但他始终不承认亲生的女儿。”直到一向被人们认为是一种单质元素的水，被英国化学家卡文迪什分解成氢和氧，证明了水也是氢氧化合物，从而证实了拉瓦锡的氧化学说，氧化学说才被公认。

由于氧的发现，氧化理论的创立，奠定了近代化学的科学基础，使化学割断了与古代炼金术的联系，成为真正的一门科学，使近代化学在科学的基础上蓬勃发展起来，拉瓦锡被人誉为“近代化学之父”。

请对比氧的发现史上的上述三个故事，从思维方式的角度，探讨以下问题：

(1)为什么会出现“燃素说”？为什么那么多人相信“燃素说”？

(2)有人认为，诸如舍勒、普利斯特列这类失误，是他们先入为主，思维定式、思想僵化造成的。那么，人为什么会先入为主，思维定式、思想僵化呢？

（四）中子的发现

物理学家们最早认为原子是由电子和原子核组成，原子核由质子组成。1919年，英国物理学家阿斯顿发明了质谱仪，能根据粒子在磁场中偏转的大小，准确地测出质子的质量。他把单个质子的质量定为1，那么，由多个质子组成的原子核的质量就肯定是整数。但是实际测定的结果，原子核的质量并不是整数，总有轻微偏离。例如氢的原子核就不是1，而是1.00778。为何会有这种偏离呢？另外，物理学家还发现，几乎所有的元素都有同位素。例如氢就有叫重氢的同位素。1910年英国物理学家索迪把同位素定义为：原子序数相同而原子质量不同，在元素周期表中占同一位置的元素。为什么同一种元素会有不同质量的同位素呢？为了解释上述问题，1920

年，新西兰物理学家卢瑟福，发展了原子由质子电子组成的学说，预言原子核不仅是由质子组成，而且还有一种未知粒子和质子共同组成的原子核。这种未知粒子必定是中性。正是这种中性粒子的数量不同，造成了同一种元素原子的质量的不同，形成了同位素。1921年美国化学家哈金斯把这种未知中性粒子命名为中子。这样就构成了“中子假说”。在20世纪30年代，物理学界出现了历时13年的寻找中子热。就是在寻找中子的过程中，产生了思维方式决定成败的三个故事：

1

1930年，德国物理学家博特和贝克尔用α粒子轰击铍、硼和其他轻元素。在轰击铍时没有得到预期的质子，却发现了一种穿透力异常大的射线，能穿透几厘米厚的铅板。这种射线实际上就是中子。由于当时只知γ射线能穿透这么厚的铅板，博特和贝克尔未做深入研究，就把它当做γ射线作了报道。

2

1932年，法国物理学家约里奥·居里夫妇重作博特和贝克尔作过的上述实验，得到相同的结果。他们还用这种射线轰击石蜡，发现把石蜡的质子打出来了。当时谁也没有见过γ射线有这种性能，约里奥·居里夫妇也未深入研究，就以他们发现了γ射线的新功能作了报道。

3

1932年卢瑟福的学生英国物理学家查德威克看了上述两则报道，重作他们作过的实验，也看到他们看到过的现象。但是，不同的是，他对这些现象进行了深入的研究，发现这种射线与γ射线根本不同：1. γ射线以接近光速前进，而这种射线行进的速度仅为光速的1/10。2. 用这种射线轰击别的物体，能打进原子核内，把原子核中的质子打出来。γ射线没有质量，根本不可能把原子核中的质子打出来。查德威克因此断定这种射线不是γ射线。3. 他用这种粒子轰击硼，从新产生的原子核所增加的质量，计算增加的这种粒子的质量，结果算出这种新粒子的质量与质子大致相等。根据以上三点，他指出这种射线不是博特、贝克尔、约里奥•居里夫妇说的γ射线，而是物理学界寻找了十余年的中子。查德威克因此获物理学诺贝尔奖。约里奥•居里得知这一消息后说："我真笨呀！我真笨呀！"

讲了上述三个故事后，请读者对上述三个故事进行对比分析，看看究竟是什么因素使博特、贝克尔、约里奥・居里夫妇把自己轰击出来的中子当成了已知的γ射线，而查德威克则发现了中子呢？约里奥. 居里说自己笨，他的笨，实质是什么呢？

上述四个科学发现的故事说明：他们虽然是探索未知自然界的高手，但是他们也有自发地、本能地使用自己的思维能力的时候。他们这样使用自己的思维能力时，感觉论和经验论的思维方式就悄悄地跑了出来，形成思维定式，造成失误，使他们失去科学发现的机遇。

第三方面　政治和军事领域决策的有关失误

下面摘要编写的四个故事，读了后使人觉得惊讶有趣。请读者对这些顶级战略决策领袖人物为什么会这样来认识事物和解决问题进行探讨。

（一）拿破仑愤怒赶走富尔登

19世纪初，法国元首拿破仑率军队席卷欧洲各国，势不可当。唯独英国，因有北海、英吉利海与欧洲大陆相隔，令拿破仑望洋兴叹。

此时，发明轮船的美国青年富尔登，看中了拿破仑想渡过英吉利海征服英国的需要，就带着自己的发明去找拿破仑。拿破仑接见富尔登。富尔登向拿破仑介绍自己的发明说，蒸汽机的威力如何的巨大，如果装在军舰上，可以使军舰速度、载负、火力大增，建议拿破仑在军舰上装上蒸汽机，一举拿下英伦三岛。富尔登满以为拿破仑对他的建议十分赏识。出乎富尔登意料的是，拿破仑听了他的建议后，勃然大怒，令侍从把富尔登赶出他的官邸。搞得富尔登一头雾水，莫名其妙，叫苦不迭。

事后，拿破仑的情绪安定下来了。他身边的官员问他，刚才为什么对富尔登发那么大的脾气？拿破仑振振有词地说：这个小鬼叫我相信他烧开水烧出来的蒸汽造的蒸汽机装在军舰上，能比船帆木桨更有力地推动舰只，可以征服英国。这不是天大的骗子吗？他居然骗到我的头上来了！

官员们听了拿破仑的这番高论后，不少人附和，也有人哑然失笑。

（二）希特勒讥讽邮电部部长

1939年，德国物理学家哈恩发现了中子裂变后，很多物理学家很快就想到，中子裂变能引起连锁反应，瞬间释放出巨大无比的能量，可以用来制造原子弹。有见识的德国邮电部部长，一方面找来了一批物理学家准备研制原子弹，另一方面寻找机会向元首希特勒提出制造原子弹的建议。

一次宴会上，希特勒非常高兴。这位邮电部长认为提建议的时机到了，就向希特勒汇报了他制造原子弹的建议。正当部长等待希特勒作出同意的答复和对他的建议赞许时，出乎他意料的是，希特勒走到大厅的中央，叫大家停止活动安静下来，听他作重要的讲话。大家静下来了，希特勒盛气凌人大声轻蔑地说：女士们，先生们，正当我们的圣战进入关键的时刻，我们的邮电部长却来提供胜利结束这场圣战的灵丹妙药，他说，可以制造出一种炸弹，一个炸弹就足以毁灭一个城市……。说毕，发出一阵轻蔑的狂笑，并宣布了他的一项新决定：今后，我们研制新式武器，都必须在六个星期之内，能在战场上使用并取得胜利战果。否则一律不准研制。

这位邮电部长虽然因希特勒的无知愚蠢而遭到奚落，但终究是有识之士，希特勒不让搞原子弹，但他仍不放弃，秘密地搞。

（三）罗斯福决策搞原子弹

德国秘密研制原子弹的消息被美国物理学家西雅德、韦格拉等人知道了。他们深知事关重大，心急如焚，认为必须抢在法西斯德国之前搞出原子弹。原子弹是只有国家在人力、物力、财力、电力等方面鼎力支持下才能搞出来的。因此，必须取得罗斯福的批准。可是，他们苦于见不到美国总统罗斯福，就去找声望显赫的科学巨匠爱因斯坦，请他领衔联名上书罗斯福，建议美国抢在法西斯德国之前搞出原子弹。爱因斯坦等把建议书搞出来了，也苦于见不到总统罗斯福，只好请总统顾问萨克斯帮忙。萨克斯也深知搞原子弹如果落在法西斯德国之后的危险性和紧迫性，不敢怠慢，就去找总统罗斯福。罗斯福看了萨克斯转呈的爱因斯坦等物理学家的建议信后，不置可否。萨克斯焦急万分，只好自己再次向总统陈说此事重大的利害关系。罗斯福听了后，还是对原子弹有那么大的威力心存怀疑，花那么大的本钱去搞是不是值犹豫，仍是敷衍搪塞。为了照顾面子，他只批给少得可怜的一点点经费，让科学家们去研究。正当萨克斯无可奈何地起身要离开总统办公室时，忽然想了前面说的拿破仑赶走富尔登的那个故事，就灵机一动地向罗斯福讲了这个故事，并语态深沉庄重、掷地铿锵地补充了一句：“英国的历史学家认为，当年拿破仑要是稍有一点明智，采纳了富尔登的建议，那么，19世纪的欧洲历史将要重写。”萨克斯的这席话，终于改变了罗斯福对搞原子弹的态度。罗斯福说：“我不会成为拿破仑的”。从此为起点，开始了美国研制原子弹的曼哈顿工程、捣毁法西斯德国制造原子弹的基地、原料基地、把德国制造原子弹的精英人才抢到美国来等绝密工程。

（四）弄巧成拙的核讹诈

20世纪五六十年代，前苏共中央第一书记、苏联部长会议主席赫鲁晓夫搞核讹诈，大力发展核弹头的爆炸力当量和核弹头的数量。当他把导弹核武器发展到2000枚以上时，就扬扬得意地挥舞着核大棒，叫嚷苏联有毁灭多少次地球，毁灭多少次人类的战略导弹核武器，并且扬言还要制造数量更多、爆炸当量更大的导弹核武器。他以为这样，美国和其他国家就害怕苏联了。殊不知美国在和赫鲁晓夫在导弹核武器的杀伤力当量和数量上同苏联讨价还价，赫鲁晓夫说要增加时，美国装模作样地装出害怕的样子，表面上说要同苏联在战略核武器上保持核战略平衡，心怀叵测地怂恿赫鲁晓夫去发展更多的爆炸力当量更大的战略导弹核武器，而自己则在肚子里暗暗发笑。因为美国早就秘密地搞出了命中精度和杀伤力的关系的科学公式。即：命中精度一定，当量增加8倍，破坏力和杀伤力仅增加4倍；如果提高命中精度，则命中精度增加8倍，破坏力杀伤力剧增为64倍。并计算出如果美国和苏联发生核战争，美国有1054枚命中精度高的洲际核导弹，就足以摧毁苏联人口的25%，工业的70%。因此美国的实际做法是，把自己的核洲际导弹保持在1054枚左右，拼命在提高命中精度上下工夫，故意鼓动苏联发展核武器当量和核导弹数量。

后来苏联终于发现自己弄巧成拙，才把发展核武器当量和核弹数量的工作停下来。但是，不仅已花去的人力、物力、财力无法追回，而且已背上甩不掉的导弹核武器过剩的包袱：仓储、防核泄漏、防丢失、要保养、防事故等一系列的费钱费力费时等事情，要没完没了地做下去。销毁它吧，销毁战略核武器不是往垃圾桶里扔酒瓶那么简单，是要花费大量资金、人力、物力的。

第四方面　植根于思维方式中的灾难性事故

以下故事是根据媒体报道的20世纪80年代发生的四次大灾难性事故摘编的。从这报道中，可以看到这些事故的发生，与事故的责任人的思维方式有密不可分的联系。

（一）美国在印度经办的农药厂毒气泄漏事故

《亚洲杂志》就美国在印度经办的农药厂毒气泄漏事故发生一周年发表文章说：

1984年12月3日，印度中央邦首府博帕尔市郊的美国联合碳化物公司经办的农药厂，发生了特大的毒气泄漏事故，造成两千多人死亡，20万人中毒。事故发生以前，曾发生以下事件。分析这些事件之所以发生，可以看到不科学的思维方式只要思维方式，是这个事故未能避免的根本原因：

印度《消息》周刊的主编兼新闻记者拉吉马拉·克斯瓦尼对这家工厂1981年年底发生的毒气泄漏，造成一人死亡，三人中毒的事故，进行了九个月的调查后，在1982年9月的一期《消息》上，发表了题为“请救救这座城市”的文章。预报了一个巨大的定时炸弹正在形成，如不采取有力的措施，这个城市将从地球上消灭掉。

文章发表后，拉吉马拉吃惊地发现当局不仅不予重视，危险处未得到处置，而且为了削减经费，反而取消了许多必要的安全措施。面对这种危险，他紧接着在10月的一期《消息》上，发表了标题醒目的“博帕尔：正坐在火山顶上！”的文章，其中列举了该厂从1980年以来发生的一系列事故。

拉吉马拉没有料到，他的文章给自己带来了麻烦。有人劝他重新作结论。更可恶的是，一批打手晚上来敲他的房门，用恐吓阻止他继续进行报道。

可是，事故是不给人留情面的。《博帕尔：正坐在火山顶上！》的文章发表才四天，该厂又发生了毒气泄漏事故，数人受伤，许多人逃离危险区。拉吉马拉随即发表第三篇文章说：“如果你们还不醒悟，就要没命了。” 文章发表了，但仍如石沉大海。

拉吉马拉见写文章不起作用，就上书该邦首席部长阿尔均·辛格。也是如同泡影。于是他又上书最高法院，请求迁走该厂。这次他收到了最高法院从邮局寄来的收条，但该厂却毫无动静。

拉吉马拉无可奈何，只好关闭了《消息》周刊，离开了博帕尔市。接着就是拉吉马拉预言的那样，“博帕尔：正坐在火山顶上”，火山真的于1984年12月3日爆发了。

拉吉马拉因此获1984年度印度最高新闻奖——B·D·贡卡奖。

（二）挑战者号航天飞机爆炸事故

美国《科学》杂志1986年12期就同年1月28日发生的震惊世界的挑战者号航天飞机爆炸事故发表文章说：

这次挑战者号航天飞机爆炸事故，直接原因是航天飞机右侧固体火箭助推器各段之间连接处之一的密封装置中的O形橡胶环，被灼热的气体腐蚀，火苗从连接处蹿出，将外部燃料箱烧穿，引起航天飞机爆炸。可是事故发生前，关于O形环和航天飞机的发射，发生过以下的故事，这些故事表明，只要思维方式对头，这次事故是可以预防的：

1977年对穆尔顿·萨埃科尔公司提供的O形环进行的试验结果指出，可能导致腐蚀和泄漏。为此该公司受到国家航空航天局的批评，但未停止使用。

1981年11月的航天飞机的飞行中，右侧助推器上的O形环受到腐蚀。以后的11次飞行中，也发生过腐蚀，而且常常不止一处受到腐蚀。该公司的工程师罗·M·波易斯乔利根据这些危险信号，于1985年7月向副总工程师提交了备忘录，指出“应使管理部门充分意识到当前O形环腐蚀问题的严重……我诚惶诚恐地认为，公司如果不对此立即采取行动，任命一个小组负责解决这个问题……那么，我们就将陷于不仅使飞行失败，而且有使发射场上所有设施一起损失的危险境地。”专门小组成立后，经过调查研究，证实了危险确实严重存在。于是在10月向公司提交了以“救命”为开头，以“危险”做结尾的备忘录。

航天局和该公司的有关管理人员对这个备忘录并不认可。相反，他们还根据O形环受腐蚀的几次飞行获得的数据，建立了预测各种条件下可能达到的腐蚀量的数学模型，认为以往的飞行中，只有1/3的厚度受损，要完全腐蚀才会使飞行失败，从而得出有三的保险系数，失事概率为十万分之一，发射是可接受的风险的结论。参与工作的费曼工程师对这个数学模型的方法进行了研究后，尖锐地批评道：“没有什么比相信它的结论更糟的了！到处都是不确定的因素……人们知道，经验公式并非十分确切，因为它并不一定通过确定该公式的那些数据点。”但是，这个并未包括一切可能导致事故发生因素的数学模型，却成了官员们“向降低安全系数缓慢转变的根据”，“标准微妙地而且常常是似乎合乎逻辑的论证之后被改动，使飞行得以如期审核批准”，“这是对安全系数怪诞的使用。”

发射的前夜，发射场地极为寒冷，工程师们的担心达到了高潮，他们在电话会议上力争放弃次日的发射，但未能改变主管们的发射决定。接踵而至的是当时上10亿人在电视屏幕上看到的那样，航天飞机升空仅74秒钟就爆炸解体了。

（三）苏联切尔诺贝利核电站的核泄漏事故

1987年4月26日中国《科技日报》就苏联切尔诺贝利核电站震惊世界的核泄漏事故发表的文章说，苏联政府给国际原子能机构提供的事故调查报告称：这次事故是该核电站四号机组进行预定的停机检修，并在8号透平机上作惯性实验中的“几个极不可能的事件的组合”造成的。这就是：

领导实验的竟是外单位的一个电气工程师；

这次检修实验，既无周密计划，又缺少具体安全措施，准备工作草率，匆匆上马；

检修和实验中，发生了一连串的违反操作规程的事情。最要害的是切除了反应堆芯的应急冷却系统。

（四）大兴安岭特大森林火灾

1987年，我国的大兴安岭发生了造成严重损失的特大森林火灾。媒体报道说：有的起火点是工作人员违章抽烟，乱扔烟头引起的；起火后，因为消防设施严重不足等原因，致使火势蔓延，酿成特大火灾。

火灾发生不久后，1987年6月5日的《经济日报》报道了以下消息：早在1985年8、9月间，侯学煜教授对大兴安岭的塔河、漠河等许多林场进行了调查后，他在哈尔滨的一次有关的千人大会上，对兴安岭森林的保护和更新等问题，向地方当局提出了一系列的富有建设性的建议和预见性的呼吁。他说："防止森林火灾和病虫鼠害，也是保护森林的积极措施"；"目前国家对防火设施上经费上无足够的投资，防火机构的设施太少。例如，林区的瞭望塔、汽车、摩托车、电台、防火公路都缺乏，至于飞机空中灭火，就更无条件了。特别是瞭望塔和电台设置不够，甚至错报火警。……"这次火灾发生后，有人来采访他。侯教授感慨地说："尊重知识，尊重科学，不能停留在口头上，要见诸实际行动中。"

附：要重视从思维方式上预防事故

发生了事故，媒体对事故调查处理情况的报道，常常给人这样的印象：经过调查组对事故发生原因的深挖细究，定为责任事故的，一般都认为责任事故之所以发生，是事故当事人利令智昏不接受已往发生事故的教训，对上级三令五申的有关预防事故、确保安全生产的指示和规定，置若罔闻，明明知道违反上级有关规定，明明知道有那么多事故苗头，必将发生事故，但视而不见，听而不闻，置事故苗头于不顾，不顾他人死活，造成事故发生。因此，对事故当事人严肃地给予各种处分等，以为经过这样的调查处理，似乎就可以预防事故了。这样处理事故，当然无可厚非。可问题是，责任事故还是不断发生，事故难以减少到应有的程度。电视中关于发生矿难事故的报道，有时真有叫人有应接不暇之感。为什么会出现这种效果不佳的情况？在处理事故上，与下述两个问题没有搞清楚，有很大的关系：

一是这样处理事故，在发生事故原因的分析上，有自相矛盾之处：一方面说，事故当事人利令智昏，为了追求经济利益，不顾他人死活，违反规定，置事故苗头于不顾，造成事故的发生。另一方面实际又认为，事故当事人在事故发生以前，不权衡发生事故的经济利益得失，去干那种不仅对个人，而且对企业，不仅在经济上，而且在个人前途上，不仅对自己，而且对一家老小，不仅对自己一家，而且对职工家庭，都会造成十分严重的后果，轻易让事故发生的蠢事。前者说事故当事人追求经济利益，后者又说事故当事人不顾经济利益和比经济利益更严重的后果，岂不是自相矛盾？

这种自相矛盾的矛盾，不仅难以自圆其说，而且还掩盖了一个真相。这个真相就是事故当事人的确是追求经济利益的，但是，在事故发生以前，他们是认为虽有那些事故苗头和不足，但还是能维持安全生产的，他们至少是认为不会发生严重事故的。事故调查人员看不到这个真相，就不可能研究和了解事故当事人在事故发生以前，为什么会这样看待生产安全问题的。而这个问题不研究清楚，像前面说的那样处理事故，是难以使事故当事人服气的，也难以帮助事故当事人学会预防事故。他们会想，反正事故发生了，调查组怎么说，怎么处理，都是有理的，受也得受，不受也得受。这样处理事故，也是难以使其他相似的单位接受发生事故的教训的。

二是这样的事故处理，忽视了从事故当事人的思维方式上去找事故发生的原因。

责任事故的发生，无不与事故当事人的思维方式不科学密切相关。由于事故当事人不知道或忽视了自己的思维方式在认识事故苗头和处理生产安全问题中的重要作用，不知道自己在事故发生以前，为什么会这样看待生产安全问题。他们往往凭习惯了的感觉论和经验论的思维方式来认识事故苗头和处理生产安全的问题。例如，事故当事人在事故发生以前，一般都会认为我们一直都是这样搞生产，没有发生事故，今天也是这样搞生产，也不可能发生事故。对其他地方发生事故，则认为他是他那里，我是我这里，我们这里还是能维持安全生产的，等等。很明显，这样的认识，是在他们的感觉论和经验论的思维方式支配下产生的。

同样，事故调查人员恐怕也不知道思维方式在认识事物和解决问题中的重要作用。他们去处理事故，总结事故经验教训时，自然就不会去了解事故当事人的思维方式，从事故当事人的思维方式上去找事故发生的原因。这样总结出来经验教训，在原因分析上，自然就只能是利令智昏，不顾他人死活，违反规定，置事故苗头于不顾等，造成事故发生之类了。但是，事故当事人的感觉论和经验论思维方式的问题不解决，不论你作过多少次事故处理，总结过多少次经验教训，发布了多少安全生产的规定和指示，严肃处理了多少人，如果他们还是用老的思维方式去认识事故苗头和生产安全问题，事故焉有不反复发生之理，事故的发生焉能减少到应有的程度。因此要重视从思维方式上预防事故。

恩格斯说：“一个民族想要站在科学的最高峰，就一刻也不能没有理论思维。”理论思维是最科学的思维方式。同样，总结发生事故的经验教训，预防事故，把事故率减少到最低的程度，也是一刻也不能没有理论思维的。要预防事故，对事故调查人员和生产单位当事人、安全管理人员进行理论思维培训，克服感觉论和经验论思维方式，是不可或缺的。

当然，即便是重视从思维方式上预防事故，也不能完全杜绝事故。一方面是因为感觉论和经验论思维方式是根深蒂固的，说不定什么时候它会跑出来支配你的思维，使你又犯老毛病。二是意想不到的情况总是会有的。但是重视从思维方式上预防事故，减少重犯类似的事故，降低事故发生率，则是能做到的。

第五方面　市场竞争中的有关失误

（一）没有永固的“大王宝座”

在世界上最早的自来水笔，钢笔尖是平板式的，书写时，墨水下水不流畅。美国人沃特曼把这种人们使用不便的平板钢笔尖加以改进，在笔尖的中央开叉，在叉的内端钻一个小圆洞，使笔尖出水均匀，书写流利。他把这些改进申请了专利，这种笔叫做沃特曼钢笔。由于沃特曼笔书写流畅，十分畅销，又有专利保护，沃特曼成了美国的钢笔大王，满以为他的钢笔大王宝座永固。

沃特曼万万没有想到，另一个美国青年派克，在沃特曼钢笔的基础上又作了两项改进：一项是将笔身的形状从圆筒柱形改变成流线型；第二项是将笔杆和笔帽的联结，从旋紧式改为套紧式。派克也把这些改进申请了专利，注册派克笔商标。由于流线型钢笔美观大方，套式联结更加方便，派克笔不胫而走，风靡世界，把沃特曼从钢笔大王的宝座上拉了下来，自己登上了钢笔大王的宝座。

（二）荷兰家电商悔不当初

20世纪80年代初，我国刚实行改革开放政策，家电生产还是一片空白，市场上很少有音响、电视机、洗衣机等等家电产品出售。那时日本和荷兰生产的电视机、音响等家用电器产品，就已经驰名世界。有的家电产品，如音响，荷兰产品还胜日本一筹。日荷两国生产家电公司的企业家来我国进行家电市场考察。两国企业家考察的结果是：

荷兰企业家根据他们过去的销售经验，家电销售旺的市场，当地居民人均年收入不能少于1000美元。中国人民远未达到这个水平，作出了中国近期没有大宗家电生意可做，暂时不在中国下大力气开拓市场的决策。

日本企业家考察后则认为，中国实行以经济建设为中心的改革开放政策，中国人均年收入虽然不高，但饮食住房等基本生活费用低廉，并预测了中国人民消费发展的趋势，认定中国是个巨大的家电产品的处女市场，大有赚钱生意可做，作出了迅速抢占中国家电市场的决策。这段时间，松下、索尼、三洋、东芝、日立、夏普等公司纷至沓来，捷足先登，不仅大量日本家电产品占领我国市场，而且几乎包揽了我国家电生产线的进口生意，获得了巨额利润，并为新的家用电器产品输入我国开拓了市场。

荷兰家电企业家看到日本人赚了大钱才如梦初醒，费了好大的力气，才插足进来，终因荷兰企业家为时太晚，大头已为日本拿走，难成大气候，悔不当初。

通过上面列举的那么多的单凭感觉和感性经验行事的实例，都会感到，像他们这样的顶级人才尚且有凭感觉论和经验论行事的时候，何况我乎？同时也会提出一个问题，感觉论和经验论的思维方式在人们中为什么会如此普遍和根深蒂固呢？这正是下面要探讨的感觉论和经验论思维方式的根源问题。

第四节　感觉论和经验论思维方式的根源

感觉论和经验论思维方式有这样大的普遍性，是有其天然的深刻根源的。这个根源就是每个人，即便是天才、圣人，也不能例外，都不可避地要经历自发地、本能地、单凭感觉和感性经验思维方式来认识事物和解决问题的思维能力发育成长过程。这个过程，在每个人的脑海中，不可避免地深深打上单凭感觉和感性经验思维方式来认识事物和解决问题的烙印，形成人们单凭感觉和感性经验思维方式来认识事物和解决问题的习惯。问题的严重性在于人们长大成人后，对这个思维能力发育成长过程毫不自觉，似乎它对自己的思维方式一点影响也没有。然而，它正是人们的感觉论和经验论思维方式天然地普遍存在的根深蒂固的根源，也是这种思维方式难以克服之所在。

下面说的这些事情，大致是每个人都经历过的。从这些事情中，可以了解到感觉论和经验论思维方式的天然普遍性，有多广，有多深。

第一次思维和第一个意识

你来到人世间，你会思维，你有意识，你知道你的第一次思维和第一个意识是什么吗？

科学已经证明，刚出生的婴儿只有本能，没有思维和意识。那么，对一个人来说，他（她）的第一次思维是怎样产生的？经过这种思维，他得到的第一个意识又是什么？

初生婴儿的感觉器官受到外界刺激，产生感觉，是婴儿的本能；同一事物对感觉器官反复多次的刺激，就产生感性经验，也是婴儿的本能。婴儿生下来就会哭，没有什么意识，只是婴儿的本能。婴儿生下来就会找奶吃和会吃奶，也是婴儿的本能。婴儿刚生下来，哭是哭，吃奶是吃奶，二者是没有联系的。那么，婴儿是怎样学会把自己哭和吃奶联系起来，一想吃奶就用哭的办法来要呢？客观实际上，是妈妈在无意中利用了婴儿的器官的对外界事物的刺激产生感觉本能，对外界同一事物的多次刺激产生感性经验的本能，教会婴儿的。这个过程是：妈妈听到婴儿哭，就以为婴儿饿了，就把奶头往婴儿嘴里塞，给婴儿喂奶。婴儿对吃奶的感觉是舒服的。妈妈这样做的次数多了，婴儿就形成吃奶舒服的感性经验。婴儿根据这种感性经验学会了在自己饿了时，就要吃奶，要吃奶，就得哭。如果说初生婴儿经过外界的影响，把自己的本来没有联系的两种本能联系起来，利用这种联系来表达自己的要求叫做思维和意识的话，那么，就可以说人的第一次思维就是自发地本能地运用感觉和感性经验的思维方式，把自己哭的本能和吃奶的本能联系起来，产生人的第一个意识——用哭的办法要奶吃。

哭和抱

哭，是婴儿的本能。婴儿躺的时间长了，就觉得难受，难受就哭，也是婴儿的本能。一抱起来，就觉得舒服，同样是婴儿的本能。婴儿哭的本能、躺久了难受的本能、抱起来就舒服的本能，在刚出生后是没有联系的。那么，婴儿后来是怎样知道把这些本能联系起来，躺久了难受想要大人抱，就得用哭的办法呢？这个问题，不用说，读者都能知道，和婴儿学会用哭的办法要奶吃是一样的。

小孩是怎样学会拉屎撒尿的？

过去，我国没有尿不湿，小孩学会拉屎撒尿，一般地说，都经历过这样的过程：

婴儿出生后，给小孩夹上尿布，小孩想拉就拉，大人不管。及时给小孩换尿布、洗屁股就行了。

小孩长到会叫妈了，妈就会告诉小孩，要拉屎撒尿，你就叫妈，妈把你。小孩忘了，把屎尿拉在尿布上，弄到床上，或大人身上，妈就会提醒小孩。多次提醒后，小孩还是忘了，妈就会用训斥的口吻来提醒："你怎么又把屎尿拉在床上，下次再这样，我就打你的屁股！"虽然经过这样反复的提醒，小孩还是忘记了，随意拉屎尿。这时，妈就佯装生气，手高扬轻落地打小孩的屁股。经过几次这样的刺激，小孩有了这样的不舒服的感觉和感性经验后，学会了要拉屎尿就喊："妈，尿泡。""妈，拉'屉屉'。"

小孩长到学会走路了，但还穿开裆裤时，大人就会告诉小孩，要拉屎撒尿，就要赶快蹲下再拉。小孩玩的时候，很容易把大人讲的忘记了，玩到憋不住时，屎尿拉了一裤子。这时，大人就会再次提醒小孩。提醒多次后，小孩还是玩性大，记性小，屎尿又拉了一裤子。大人就会警告说，"再这样，就打你的屁股！"警告多次后，玩疯了时，小孩还是忘记，屎尿拉脏了一裤子。这时，大人就装模作样，动真格似的，在小孩的屁股上揍两下。吓得小孩直哭。小孩经历的这样的感觉和感性经验多了，就逐渐学会了自己蹲下来拉屎撒尿了。

喝水，先问烫不烫

小孩长到三四岁，自己会跑会玩了。玩累了，口渴了，不管烫不烫，看到碗里有水，端起碗就喝。一次，碰到一碗烫水，端过碗就渴，被狠狠地烫了一回。有了这样的感觉和感性经验，以后口渴了，要喝水，小孩就总是先问大人，烫不烫？大人说不烫，他还要学大人的模样，用口吹吹水，用舌头舔一舔碗边的水，试试水烫不烫。不烫，他才喝。

见了穿白大褂的就跑

三四岁的小孩，头一次去看病。妈妈抱着他（她）到了医院，见到穿白大褂的大夫和护士，妈妈叫小孩向他们问好。碰到男的，小孩就会说：叔叔好！碰到是女的，小孩就会说：阿姨好。看了病，要打针，在没有打针之前，小孩配合得非常好。打针时，针往肉里一扎，扎得小孩很痛，就哇哇地哭。小孩对这样的感觉，不用多次，有这么一次，就立刻形成牢固的感性经验。打完针，妈妈要他谢谢护士阿姨，他就扭头不谢。有的还会说：“阿姨不好！”以后，自己没有生病，见到穿白大褂的，他就会吓得跑开。口里喊着，我不打针。这种状况直到他知道生病才会打针以后，自己没有生病，才不害怕穿白大褂的人了。

小孩长到10岁左右，还会用这种感性经验的办法，使父母满足自己的要求。抗日战争时期，我读高小时，教国语的王老师患脑炎病故，留下王师母和小孩。王师母是家庭妇女，没有工作，生活困难。有同学发起自愿给师母捐钱。我想我也应该捐，就向父亲要。时值抗日战争中，长沙市文夕大火后。我家也不例外，烧得精光。加上我姐弟多，九张口吃饭，上学的还要交学费，困难可想而知。父亲对我的要求现出难色。我一看父亲的脸色，心想，钱难要到了，很快变脸哭了起来。父亲见状说，这钱应当捐，只能少捐一点。我才止哭。

1951年，我在保定南关某部工作，星期日常去保定市区。回营时，有的时候在市里买一些糖块放在口袋里。有次回营途中，道旁树下有四个8～10岁的小孩在玩。小孩见到我走来，就喊：“解放军叔叔好！”见到小朋友如此天真、活泼、友善，就回应说：“小朋友好！”同时拿出口袋里的糖分给小朋友吃。小朋友都说：“不要。”我硬给他们，经过多次推辞，他们才勉强收下，并说：“谢谢解放军叔叔。”我高兴地回营。星期日又到了，照例去市区。这回没有买糖。走到那棵树边，见到上次见到的四个小朋友高兴地喊：“解放军叔叔好！”我也笑着一边往回走，一边回答说：“小朋友好！”刚从他们身边走过，忽听到有个小朋友说：“解放军叔叔，你有糖吗？”我回过头不好意思地说：“没有。这样吧，我给你们500元（相当于币改后五分钱），你们自己买吧！”小朋友高兴地说：“谢谢解放军叔叔。”我没有在意这件事情，高兴地回营。又一次星期日回营时，发生了上次同样的情况。不同的是，这次小朋友听到我说没有带糖，也没说给钱后，有个小朋友说：“那你给我们一点钱自己买好吗？”我满足了他们的要求，但心里觉得，这样做不是把小朋友教坏了吗？以后我进城，总是心存内疚，改道回营。

尽管在每个人的具体成长经历不同，但类似上面这样的经历是不可胜数的。类似的这样的过程说明，任何人，即便是天才，他的思维能力，无一例外地只能是像上述那样，自然而然地从自发地本能地使用自己的思维能力，单凭感觉和感性经验认识事物和解决问题开始，学会认识事物和解决问题的。儿童时期和少年时期，继续使用这种思维方式认识事物和解决问题，并且往往总是能从大人那里得到满足，反复印证这种思维方式的有效性。成人后，在认识简单的事物和解决简单的问题上，这种思维方式往往又能获得成功。逐渐形成“眼见为实”，“我相信自己的耳朵（眼睛）”等成见。人的思维能力的这种发育成长过程，就必定使人们养成用感觉论和经验论的思维方式去认识事物和解决问题的习惯，使这种思维方式不自觉地根深蒂固地扎根在人们的头脑中。如果不经过理论思维的学习锻炼，人们就可能会一辈子都是用这种思维方式去认识事物和解决问题。即便是经过理论思维的学习锻炼的人，像前面列举的那些名人事例那样，当他们自发地、本能地使用自己的思维能力，背离理论思维时，感觉论和经验论的思维方式就会趁人不备，跑了出来，支配人们去认识事物和解决问题。这就是人们天然地普遍存在感觉论和经验论思维方式的深刻根源。对此很少有人自觉。

其次，不能正确认识感觉和感性经验在认识中的地位和作用，是感觉论和经验论的思维方式之所以在成人中仍然相当普遍存在的认识根源。

感觉和感性经验在认识中的地位和作用是十分重要的。毛泽东在《实践论》中说："任何知识的来源，在于人的肉体感观对客观外界的感觉"，"认识的真正任务在于经过感觉而到达于思维，到达于逐步了客观解事物的内部矛盾，了解它的规律性，了解这一过程和那一过程间的内部联系即到达于论理的认识。"这就表明了感觉在认识中的重要地位和作用。感觉论者的错误就在于单凭感觉去认识和改造世界，不了解感觉在认识中的重要性仅仅限于知识的来源，仅仅限于认识事物的现象、事物的片面和事物的外部联系，他们不自觉地夸大了感觉在认识中的作用，把感觉当成认识的唯一来源，当成了真知，当成认识任务的完成，把到达于思维、到达于论理的认识的过程和任务抛弃了。

《实践论》又说："一切真知都是从直接经验发源的。""就知识的总体来说，无论何种知识都是不能离开直接经验的。"这就表明了感性经验在认识中的重要地位和作用。经验论者的错误就在于不了解感性经验的局限性，不了解感性经验在认识中的重要性仅仅限于它只是一切真知的来源，获得了感性经验并不等于认识了真知。他们不自觉地夸大了感性经验在认识中的作用，单凭感性经验去认识和改造世界，把自己的感性经验当成知识的唯一来源，当成了真知，当成认识任务的完成，把到达于论理的认识的任务和过程都抛弃了。例如“大跃进”时，有人说我国古代小土炉炼钢能够炼出好钢造出宝剑，有人就推而广之，就“以钢为纲”，大搞“小土炉”、“小高炉”来代替冶金科学和现代冶金技术，企图钢产量“大跃进”，“十五年超英赶美”。这样大搞的结果，造成国家资源、人力、物力的巨大浪费。还把批评“大炼钢铁，得不尝失”者，打成“右倾机会主义分子”。

这就表明，不能像《实践论》说的那样定位感觉和感性经验在认识中的地位和作用，夸大感觉、感性经验在认识中的作用，是感觉论和经验论认识事物和解决问题的思维方式的认识根源。

再次，存在不利于人们克服感觉论和经验论的思维方式的因素。例如：人们对思维方式问题的存在缺乏自觉性，没有这方面的研究，更谈不上宣传教育；人们认识事物都必须从感觉和感性经验开始，加上感觉和感性经验具有直接性和现实性，很容易使人只相信自己的感觉和感性经验；有些事情，凭感觉和感性经验就能正确认识，使人们误以为认识一切事物，都是如此。例如，“眼见为实”，“我只相信自己的耳朵（眼睛）”；对哲学的宣传教育学习脱离实际等。

最后，从感性认识上升为理性认识，要通过理论思维。进行理论思维，不仅很费时费力费精神，而且这种能力，正如恩格斯所说，要通过哲学学习或在实践中长期琢磨钻研才能获得。很多人不知道这个道理。或有的人知道这个道理，由于存在惰性，不愿去下这个工夫等。诸如此类的因素的存在，不利于人们克服感觉论和经验论，使这种思维方式有存在的空间。

通过上述探讨，我们进一步了解到人们的感觉论和经验论的思维方式具有如此大的普遍性，而人们一点也察觉不到它的存在和危害性，更不了解它的存在，有着天然的、无一人例外的深刻的根源。这就是感觉论和经验论思维方式屡屡使人们犯错误的原因，又屡屡使人重犯错误的原因。

怎样才能要克服这种有害的思维方式呢？了解感觉论和经验论的思维方式思维方式实际是一个什么思维过程，是有助于克服这种有害的思维方式和避免重复这种思维方式，重犯错误的一个方法。

第五节　感觉论和经验论思维过程的实质

感觉论和经验论的思维方式认识事物和解决问题的过程的实质是什么？恩格斯在描述自然哲学的思维方式认识事物和解决问题的实质时，有句很有名、很生动的话："而自然哲学只能这样来描绘：用理想的、幻想的联系来代替尚未知道的现实的联系，用臆想来补充缺少的事实，用纯粹的想象来填补现实的空白。"其实，不仅自然哲学的思维方式认识事物和解决问题的过程的实质是如此，用感觉论和经验论（实际上就是自然哲学的一种表现）的思维方式认识事物和解决问题的过程的实质也是如此。可以说，一切自认为认识了真理，其实并未真正认识到真理的人的思维方式的实质，都莫不如此。例如，同学们对测试的第二题的回答，认为与地球赤道等长的绳子延长10米后，在赤道外绕圆，绳子离开赤道不能大于1米，不就是用自己臆想出来的，地球那么大，赤道那么长，绳子才延长10米，和没有延长差不多，在赤道上抖落几下就没有了的感觉和感性经验，来代替、来补充、来填补反映圆周长和半径的比例关系的圆周率吗？拿破仑不就是以自己看到的烧开水的壶嘴冒气的感觉和感性经验，来代替、来补充、来填补蒸汽机及其工作原理，以为自己掌握了真理，把富尔登当成骗子赶出官邸吗？更有甚者，我国"大跃进"和"文化大革命"年代，在未获得新生产力的情况下，在"一大二公"的思想指导下，把"大"和"公"的优越性吹得天花乱坠，据此改变生产关系，几年的工夫，就从农业互助组发展为生产小队所有制，进而发展为生产大队所有制，直至发展为公社所有制，造成农业生产大破坏，上千万的人饿死，不就是"用理想的、幻想的联系来代替尚未知道的现实的联系，用臆想来补充缺少的事实，用纯粹的想象来填补现实的空白"来代替新生产力的获得，来代替社会发展基本规律的严重错误吗？又如以古代用“小土炉”炼出的钢，能铸造出锋利的宝剑，那么，用“小土炉”、“小高炉”方法，也必定能炼出大量的优质钢为理由，妄图用“小土炉”、“小高炉”的方法，使钢产量翻番，再翻番，实现“十五年超英赶美”，造成大量浪费人力和国家资源的严重错误，岂不是把纯粹地臆想出来的感觉和感性经验，来代替、来补充、来填补现代炼钢工业的科学技术吗？总之，一切错误的认识，一切用感觉论和经验论的思维方式认识事物和解决问题的过程的实质，一切自认为认识了真理，其实并未真正认识到真理的人的思维方式的思维过程的实质，无不是恩格斯揭示的那样，都是用自己的理想的、幻想的联系，臆想出来的事实，纯粹的想象来代替、来补充、来填补尚未知道的现实的联系，缺少的事实，现实的空白而已。

第六节　直觉、灵感、顿悟不是感觉论和经验论

这里有一个例外要说明一下：直觉、灵感、顿悟的思维方式，也是自发地、本能地使用自己的思维能力，获得感觉和感性经验的情况下产生的，但它不是感觉论或经验论。如果直觉、灵感、顿悟等思维方式不是自发地、本能地使用自己的思维能力、凭感觉和感性经验去认识事物和解决问题，那就不能称之为直觉、灵感、顿悟了。因此，不能说，凡是自发地、本能地使用自己的思维能力，用感觉和感性经验的思维方式去认识事物和解决问题，都是感觉论和经验论。这就产生了这样一个问题：同样是自发地、本能地使用思维能力，同样是感觉和感性经验，为什么有的人会导致感觉论经验论的思维方式的产生，有的人有的时候就能导致直觉、灵感、顿悟呢？

这个问题，从产生这种思维机制上来研究，是思维科学中的一道未解的难题，无法作出科学的说明。但是，如果把产生直觉、灵感、顿悟的人和一般的人（例如，被测试的同学）的情况进行比较，看看有何不同，则还是能够理解一二的：

不少人说直觉、灵感和顿悟是唯心论，是虚构骗人的，一概加以否认。例如，前面说到的“创新能力是一种天赋，只有少数人生而有之”、“创新是灵感的突然爆发”、创新“没有章法可循”，有的人甚至认为灵感和顿悟就是“神赐的”等。这种见解，就是他们把直觉、灵感和顿悟视作唯心论的根据。这种见解是错误的。

1. 在科学发现发明中，在有问题需要解决或作出判断时，确实有许多是通过直觉、灵感和顿悟获得解决方法或作出科学判断的。例如，前面说的阿基米德泡澡时获得鉴定金冠是否掺假的方法和发现浮力原理、伽利略发现摆的等时性定律、爱迪生发明留声机……都得益于直觉、或灵感、或顿悟。这些事实证明，直

觉、灵感和顿悟不是唯心论。直觉、灵感和顿悟，不存在有没有的问题，只存在现代科学技术还不足以揭示其产生机理的问题。

2. 直觉、灵感和顿悟的产生，是在人的知识、思维能力的运用，达到一定的情境下的产物。直觉、灵感和顿悟，是人的思维能力在认识事物、解决问题时使用的特殊形式。

如前所说，任何人的能力，只有两个来源：一个来自先天获得的各种能力，一个来自后天学习锻炼中获得的各种能力。除此之外，没有任何其他特殊来源的特殊的能力。但是，在人的能力的使用问题上就不一样了，是多样性的。不仅有常规的使用方式，而且还有特殊的使用方式。不能只承认常规的使用方式，否定特殊的方式。事实是，人的能力的使用方式，有时是很特殊的。直觉、灵感和顿悟等思维能力的使用方式，就是人使用思维能力的特殊方式。因为：没有创新意识，没有待解决的问题，没有要创新的问题，人是会不会产生直觉、灵感和顿悟的。例如，如果阿基米德没有国王令他必须找到既不损伤金冠、又要鉴定金冠是否掺假的方法，他在泡澡时，就不会产生找到既不损伤金冠、又能鉴定金冠是否掺假的方法，并发现浮力定律的顿悟；伽利略没有看到吊灯摆动，就不会去探究摆的运动规律；爱迪生没有看到电话机里的金属振动片，就不会想到要发明留声机。这些事实都证明，直觉、灵感和顿悟，总是在一定的客观前提启发下才产生的。与此相反，一个人如果连创新意识都没有，他是不会发现问题的，即便有待解决的创新问题，他是不会进行创新活动，把自己的知识、思维能力的运用于创新的。更不能把自己的知识、思维能力的运用，达到产生直觉、灵感和顿悟的情境。这就表明，有创新意识，搞创新，是产生直觉、灵感和顿悟的前提条件。没有这个前提条件，就不会产生直觉、灵感和顿悟。这就证明，直觉、灵感和顿悟，并非毫无根据凭空产生出来的，它只不过是人先天就有的和后天学习锻炼中获得的能力，在有待解决的问题时，或是进行创新时，使用的特殊形式而已。

3. 人后天学习锻炼中获得了什么样的能力，并应用于解决相关的待解决的问题，或解决相关的创新的问题，是人能产生什么样的直觉、灵感和顿悟的物质基础和决定因素，说明直觉、灵感和顿悟的本质，就是人人先天就有的和后天学习锻炼中获得的能力用于创新的特殊形式。例如，搞文学艺术的人和搞科学的人，在创新中都能产生灵感和顿悟。但是，搞文学艺术的人，能产生文学艺术创作的灵感或顿悟，不会产生科技创新的灵感或顿悟。搞科技的人，能产生科技创新的灵感或顿悟，不会产生文学艺术创作的灵感或顿悟。只有既懂科学又懂文学艺术的人，他搞科技创新时，能从文学艺术中得到启发，产生科技创新的灵感或顿悟。这就说明这种灵感或顿悟，都是以后天学习锻炼获得的能力为基础的。

在一定条件下，从它种事物引发创新灵感和顿悟，获得创新成果的事例是很多的，证明灵感和顿悟是人后天学习锻炼中获得的能力用于创新的特殊形式。例如，美国核物理学家格拉塞尔喝啤酒，他往杯中倒啤酒，看到啤酒往上冒泡，冒一会儿就不冒了。他往啤酒里丢一粒砂子，看到这粒沙子周围一边冒啤酒泡，一边下沉。他往啤酒里丢进许多沙子，啤酒就像沸腾那样，在下沉的每粒砂子周围冒泡。这个情景，使他产生了发明高能粒子运动轨迹探测器的灵感。他回到实验室，将液态氢装进透明、耐高压、密封的容器里，让电荷粒子穿过液态氢，就看到电荷粒子在液态氢中一边运动，一边在周围冒泡，显示出电荷粒子的运动轨迹，使他发明了获得诺贝尔物理学奖的、高能粒子运动轨迹探测器——气泡室。格拉塞尔的这个发明灵感，如果要是换了一个没有核物理知识、不是搞核物理研究的其他人去喝啤酒，不论他往啤酒里丢多少次沙子，看多少次啤酒冒泡，他也不会产生发明气泡室的灵感。这就证明，尽管格拉塞尔在后天学习锻炼中获得的核物理知识、他搞核物理研究的实践经验，是怎样通过这种思维方式导致他的这个灵感产生的机理还不清楚，但格拉塞尔在后天学习锻炼中获得的核物理知识、他搞核物理研究、他碰到了怎样搞清高能粒子运动轨迹问题，是他产生发明气泡室灵感决定条件。他的这个灵感绝不是天上掉下来的特殊的能力的产物，只不过是他先天就有的和后天学习锻炼中获得的知识和能力用于创新的产物，只不过是这种能力使用的形式特殊罢了。

4. 灵感和顿悟在创新中，起着沟通知识与创新目标的触媒作用，表明灵感和顿悟不是什么有特殊来源的特殊能力，只是人的能力用于创新的特殊形式。

灵感和顿悟往往是在一定的情境的触发下产生的。例如，阿基米德是在泡澡时感到有浮力，才获得解决鉴定金冠方法和发现浮力定理的顿悟的；伽利略是看到吊灯摆动才获得发现摆的等时性定律的灵感的；爱迪生是在修电话机时看到金属振动板才获得发明留声机的灵感的……从这些情境可以看到，这种创新成果的获得的实际过程是，一方面在客观世界中，存在着人们尚未发现的物质、物质结构、物质属性和物质运动规律，存在着尚未发明的技术、方法和产品，另一方面存在着能导致与尚未发现的物质、物质结构、物质属性和物质运动规律，及尚未发明的技术、方法和产品的相关的知识。人们虽然懂得这种知识，却又不知道或想不起二者之间有这种联系。这种时候，碰到某种相关的情境，突发灵感或顿悟，使它们联系起来，导致创新成果的获得。这就证明，灵感和顿悟不是天上掉下来的特殊的能力，它只是在一定的情境的触发下，把人后天学习锻炼中获得的相关的知识和能力，与相关的创新目标沟通了，导致创新成果的获得的特殊形式。

5. 导致灵感和顿悟产生的机理，虽然不能从通常的思维规律（例如逻辑规律）得到说明，但是，创新成果产生以后，都能从理论上、思维规律（包括逻辑规律）上，得到合理的说明。这又表明，灵感和顿悟是已知的能解决某种创新课题的知识和这个被解决的创新课题联通的一种特殊的方式。

6. 人们在解决创新难题思维深入到一定的境界时，往往能获得解决创新难题的灵感或顿悟。国学大师王国维对思维要深入到什么境界、怎样才能深入到这种境界，才能获得文艺创作的灵感和顿悟，曾作了这样的描述："昨夜西风凋碧树"，"独上高楼，望尽天涯路"，此"第一境界也；""衣带渐宽终不悔，为伊消得人憔悴"，此"第二境界也；""众里寻他千百度，蓦然回首，那人却在灯火阑珊处"，此"第三境界"也。"第一境界"和"第二境界"讲的是灵感和顿悟产生的前提条件，即工夫要下到什么程度。下到了一定的深度，进入"第三境界"，灵感和顿悟就可能突然产生，创造出优秀的文艺作品来。科技的创新难题的解决，其他领域创新难题的解决，除了必须具备解决某种创新难题的知识和能力外，往往也要经过类似的下工夫的过程。例如，美国核物理学家格拉塞尔如果不是被怎样才能搞清高能粒子运动轨迹问题困扰而时刻绞脑汁，那么他在喝啤酒，看啤酒泡时，就不会引发发明高能粒子运动轨迹探测器气泡室的灵感。这就说明两个方面的问题，一方面灵感和顿悟是人使用思维能力进行创新活动，进入到一定境界的情况下的特殊使用方式；另一方面是具备相关的知识和能力的人，遇到创新难题得不到解决，没有发生灵感或顿悟，不是他们天生的不能产生灵感或顿悟，而是他们对要解决的创新难题所下的工夫，还没有到达能产生灵感和顿悟的程度。这两个方面都证明，灵感和顿悟就是人的思维能力和知识在创新中使用的特殊形式，不是什么有特殊来源的特殊的能力。

7. 许多直觉、灵感和顿悟的产生，看似“得来全不费工夫”，实际情况恰好相反，是他们使用自己的能力，在创新实践中，长期磨砺打造出来的本事。例如，伽利略做礼拜时看到吊灯摆动，产生研究摆的运动规律的灵感、爱迪生修电话机时看到金属振动片，产生发明留声机的灵感等，看似“得来全不费工夫”，是捡便宜的事情，实际上他们之所以能如此敏锐地抓到创新课题，获得创新成果，是他们的超强的创新意识、长期养成的创新习惯和积累起来的创新能力的产物。否则，伽利略就不是实验物理学大师、爱迪生就成不了发明大王了。

这里要注意的是：灵感和顿悟仅仅是得到了能导致获得创造成果的启示，并不是创新成果的直接获得。要获得创新成果，还有很多问题要解决，还有很多工作要做。例如，格拉塞尔喝啤酒，看啤酒泡，引发高能粒子运动轨迹探测器——气泡室的发明的灵感后，还要回到实验室，将液态氢装进透明、耐高压、密封的容器里，让电荷粒子穿过液态氢，就看到电荷粒子在液态氢中一边运动，一边在周围冒泡，显示出电荷粒子的运动轨迹等工作，才能完成这项创新。因此，不能把灵感和顿悟等同于创造成果的获得。

灵感和顿悟的特点是：来得突然，出人预料，人们不能预先设计、预先知道在什么事情上、什么时间、什么情境下、产生什么样的灵感和顿悟。灵感和顿悟是不能如法炮制的。阿基米德泡澡产生顿悟解决鉴定金冠是否掺假难题和发现阿基米德原理，你碰到难题也去泡澡，就不一定能产生导致难题解决的顿悟和作出科学发现。

第七节 理论思维是感觉论和经验论的克星

三探 你是怎样使用自己的思维能力的
——感觉论和经验论是能改变的

感觉论和经验论的思维方式虽然像前面说的那样根深蒂固，并且有很大的普遍性和危害性，但这种思维方式是能改变的。为了说明这个问题，我们要三探你是怎样使用自己的思维能力的。

下面把前面测试过的两个题目的出题的方式改一下，请同学们回答，再看看你们是怎样使用自己的思维能力的。

第一题：证明和地球赤道等长绳子，将绳子延长10米后，在赤道外绕圆，绳子离开赤道的距离必大于1米。

同学们看了这个题目后，毫不犹豫地很快用两种方法做出了证明：

方法一：设赤道长为L，赤道半径为R，圆周率告诉我们，$L=2\pi R$。则得到方程式：$2\pi R+10>2\pi(R+1)$。

解方程：$2\pi R+10>2\pi(R+1)$

$$2\pi R+10>2\pi R+2\pi$$

$$10>2\pi$$

$$10>2\times3.1416=6.2832$$

方法二：小学算术中讲的圆周率$2\pi R$已经说明，半径R增长1，圆周长L增长2π，即增长$2\times3.1416=6.2832$。反之，圆周长L增长2π，即增长$2\times3.1416=6.2832$，半径增长1。依此类推，即：

设$R=1$　　$L=2\pi\times1=6.2832$

设$R=2$　　$L=2\pi\times2=12.5664$

设R＝3　L＝2π×3＝18.8496

……

以上证明说明，只要是圆，小到哪怕是比小孩玩的玻璃球还小的圆，大到哪怕是比太阳还大的圆，一切大圆和小圆的半径和圆周长的关系，都遵循2πR这个公式：不仅R增长1，圆周长增长2π，即增长6.2832；而且反过来，圆周长增长2π，即增长6.2832，则半径增长1。对这个题目来说，就是和赤道等长的绳子，只要增长2π＝2×3.1416＝6.2832米，地球赤道半径就增长1米，也就是绳子绕的圆和赤道的距离就增加1米。现在绳子延长10米后，再在赤道外绕同心圆，半径增长为：

10÷6.2832＝1.5915米，即绳子在赤道外绕的圆，距离赤道为1.5915米，大于1米了。

第二题，请根据牛长角的用处，判断牛角长在耳朵的什么方向？

同学们看到这个问题后，思考了一会儿，有几个同学还把自己的头俯仰和向左向右摆了几次，用手在自己的耳朵的各个方向上变换位置比画了几下，就都能八九不离十地回答出牛的角长在耳朵的前上方了。

把上述对这两个问题的回答，同第一次对这两个问题的回答进行比较，可以看到：用同样的两个题目，改变一下出题的方式，再对这些同学进行测试，答案就完全不同了：第一题，上次回答错误，这次则为正确。第二题，上次回答不了，这次则知道怎样作出正确的回答了。这就证明，出题的方式的改变，能够改变同学们的感觉论和经验论的思维方式，证明感觉论和经验论的思维方式是可以改变的。

这种出题的方式的变化，使同学们改变成了什么样的思维方式呢？

先看第一题。第一题的第一次提问，是叫同学们在题目给出的条件下，能不能大于1米作出判断。题目中虽然有作出正确判断的条件：圆周率，但是，圆周率是隐含在题目中的，并没有说明只有用圆周率来回答这个问题，才能作出正确的答案。这种出题的方式，在人们使用自己的思维能力不在意、又没有外部提醒的情况下，很容易引导人们自发地、本能地使用自己的思维能力，单凭臆想出来的感觉和感性经验、即感觉论和经验论的思维方式来认识和解决这个问题，即人们觉得地球赤道的长度同绳子延长的10米相比，实在是太悬殊了，给人以无法比拟的感觉，这就导致同学们作出了错误的回答。还是这个题目，改变了出题的方式，不是叫同学们判断能不能大于1米，而是肯定了能大于1米，只是叫他们讲出能大于1米的道理，即叫他们证明能大于1米。这种出题的方式，在同学们读了这个题目后，开始时，在感觉论和经验论的思维方式支配下，可能产生疑惑："这可能吗？"可是一想到题目已经明示，是要他们证明必大于1米，这就使他们自发地、本能地用感觉论和经验论的思维方式去认识和解决这个问题，成了不可能的事情，迫使同学们去寻求必定大于1米的理论根据，阐述必大于1米的科学道理，作出必大于1米的证明。根据题目，他们自然就会想到这个问题与圆周率有关。这样的题目，对大学的同学来说，用上小学时就学过的圆周率就能解决的这种问题，自然就像前面说的那样——迎刃而解了。

再看第二题。第二题的第一次提问，并未告诉同学们怎样去判断牛角长的位置，就要求同学们判断牛角长在耳朵的什么方向上。这种提问的方法，在人们使用自己的思维能力不在意、又没有外部提示的情况下，就很容易把人引向自发地、本能地使用自己的思维能力，企图从记忆印象中找到牛角长在耳朵的什么方向上的答案。

可是，他们这样去回答，记忆印象模糊，不仅不能帮助他们正确回答这个问题，反而使他们陷入了连自己都觉得好笑的困境。还是这个题目，改变了出题的方式，在题目中告诉了同学们怎样去思考和判断牛角长在牛耳朵的什么方向，即从牛长角有什么用处，来推论牛角长在耳朵的什么方向上。这个思考方向一提出，这些大学同学们还会单凭记忆中的对牛的感觉和感性经验来回答这个问题吗？绝对不会。同学们自然会从怎样才能最好地发挥牛角格斗的作用，来寻求正确的答案。他们自然就能想到角与各种器官的相互协调和制约关系、排除不利于牛角的作用发挥的各种位置，找到符合发挥牛角作用的、合乎逻辑的长角的位置来。

上述剖析表明：

一、人们对客观事物的认识发生错误，对存在的问题解决不了，往往不是自己没有知识和能力造成的，而是自己的感觉论和经验论的思维方式把你的知识和能力禁锢了，使你想不起自己有这种知识和能力去正确认识这种事物和解决这种问题。人们常把这种情况说成是“思维定式”。“思维定式”的实质就是感觉论和经验论。这就证明，一个人有多少知识和多大的能力是一回事，能不能运用和发挥你的知识和能力正确认识事物和解决问题是另一回事。一个人的知识和能力能不能起作用、能起多大的作用，是受思维方式科学不科学制约的。

二、感觉论和经验论的思维方式是能改变的。改变出测试题目的方法后，同学们对测试题目能作出正确的回答，实质就是用这种方法改变了同学们的感觉论和经验论的思维方式，把同学们的知识和能力从感觉论和经验论的思维方式的禁锢中解放出来。那么，改变出测试题目的方法后，同学们对测试题目作出正确的回答时，使用的是什么的思维方式呢？很明显，同学们用的是理论思维方式。这就证明，感觉论和经验论的思维方式是能改变和克服的。理论思维方式是改变和克服感觉论和经验论的思维方式的克星。理论思维方式通过学习锻炼是能够培育养成的。

任何科学知识，都是理论思维的产物。人们学习科学知识的目的，本来包括两个方面：一方面，学习科学知识，毫无疑问是提高自己对已被人类认识和改造的世界的认识和适应能力；另一方面，学习科学知识，就是要从学习科学知识中学会理论思维，运用科学知识，改变和克服感觉论和经验论的思维方式，探索尚未认识的世界和进行尚待改造的世界的改造。这就是要学会创新。现在，人们（包括同学和大多数教师）对后一方面的学习目的，不自觉地忽视了。人们要想做创新型人才，学校和教师，要想培养适应性强、有真本事的创新型人才，就必须通过这种教学和学习，同时从中学会理论思维，学会创新。这是教育要适应“三个面向”、建设创新型国家的需要，进行教学改革的一个重要而紧迫的课题。

通过前面三次探讨你是怎样使用自己的思维能力的，同学自然会想到，要打破感觉论和经验论思维方式对自己的知识和能力的束缚，要解放自己的知识和能力，要提高创新意识，学会创新，就要学习理论思维，养成理论思维的习惯，也自然会提出什么是理论思维？理论思维有何重要性？怎样才能学会理论思维等问题。这个问题，恩格斯有明确的教导。

恩格斯论理论思维

恩格斯对理论思维主要讲了以下几个方面的问题：

一、理论思维的重要性。

恩格斯在《自然辩证法》一书中摘录的他著的《〈反杜林论〉旧

序。论辩证法》一文中说："一个民族想要站在科学的最高峰，就一刻也不能没有理论思维。"（《马克思恩格斯选集》第三卷第467页）。对一个民族、一个国家的科学技术的发展来说，恩格斯就是这样把理论思维重要性说到家了。恩格斯把理论思维的重要性提到如此高度，使我们更加明确意识到，学会理论思维，是把自己锻炼成创新型人才，深入贯彻科学发展观，建设创新型国家，科学地认识和改造世界，攀登科学最高峰的、最为重要的紧迫的任务。

二、理论思维是人类独有的天赋的思维能力。恩格斯说："理论思维仅仅是一种天赋的能力。"这里说的理论思维是人的"天赋的能力"，不是说人一出生下来就有理论思维的能力，而是说只有人类的头脑有能学会理论思维的天赋的能力。动物的头脑没有这种能力。

人是怎样获得这种能力的？是人类的原始祖先的头脑，随着漫长的、从适应自然的生存方式生存向改造自然的生存方式生存的转变的实践过程中，不断对客观事物的各种现象不断思索琢磨，渐渐地认识到一些客观事物的本质、规律和各种客观事物的联系，并体验到这种认识的好处。然后对另一些事物也想通过这样的认识方法，得到类似的好处。这样就形成了认识客观事物的本质、规律和各种客观事物的联系，形成了最初的理论思维能力。人类的原始祖先一代一代地在这样的长期反复的认识过程中，引起脑基因进化，使猿脑进化为人脑，获得了人类独有的、能代代相传的、能学会理论思维的大脑。这就是人脑获得了能学会理论思维的天赋的能力。例如，一年分四季，可食植物生长一般是春季种子发芽，夏季成长，秋季结果，收集果实保障自己的生活。这种过程反反复复反映在人脑里，人就会想到可以如法炮制，把秋季收集果实作为种子，春种秋收，保障人类的生存和发展，于是有了农业。又如，人看到野生的马、牛、羊、鸡、狗、猪等动物生子繁衍，从而驯化这些动物的幼崽，幼崽长大了繁殖，于是有了家畜，产生了畜牧业。这种认识过程实际上就是最早的朴素的理论思维。只不过当初人们不自觉罢了。随着对众多的自然界的和社会中的客观事物的这种思索和发展，促进了理论思维能力的提高和发展，导致了各门自然科学和社会科学的创立和发展。其他动物的头脑是没有这种能力的。

三、理论思维导致哲学的产生。人类获得了理论思维能力，就会用来研究思维能力本身，研究如何使用自己的思维能力，才能更快、更正确地认识各种客观事物的本质、规律，各种客观事物的联系，于是产生了指导人们如何使用自己的思维能力的科学——思维科学，即哲学。

四、理论思维就是哲学思维。什么是理论思维呢？我查了《新华词典》、罗森塔尔和尤金编的《简明哲学词典》、上海词书出版社1982年12月第二次印刷的《辞海》的哲学分册，都没有“理论思维”这个词条。我也没有找到恩格斯给理论思维下的定义。但是在上面引用的那句话的前后，他对什么是理论思维，作了科学的说明。恩格斯认为，理论思维是不同时代的人，以他所处的那个时代的哲学思想为指导来认识世界和改造世界，把得到的认识进行科学抽象，达于认识客观世界的事物的本质、规律和各种客观事物的联系，提升为理论的思维活动。即后来毛泽东在《实践论》中说的：从感性认识到理性认识的实践、认识、再实践、再认识的思维过程。这就说明，理论思维就是在实践基础上的科学抽象思维，哲学思维。

五、怎样学会理论思维呢？恩格斯说：“这种能力必须加以发展和锻炼，而为了进行这种锻炼，除了学习以往的哲学，直到现在还没有别的手段。”（同上书。下同）为什么这样说呢？这是因为哲学是理论思维的产物，又是指导人们学习理论思维的教材。学习哲学，在实践中运用哲学，就成了学习理论思维捷径。

六、辩证法对今天的自然科学来说是最重要的思维形式。

恩格斯说：“每一时代的理论思维，从而我们时代的理论思维，都是一种历史的产物，在不同的时代具有非常不同的形式，并因而具有非常不同的内容。因此，关于思维的科学，和其他任何科学一样，是一种历史的科学，关于人的思维的历史发展的科学。”既然理论思维在“不同的时代具有非常不同的形式，并因而具有非常不同的内容”，那么，现实中就必定存在着非常不同的内容和形式的多种哲学或哲学派别，因此，理论思维也有着多种非常不同的内容和形式。例如辩证法，从历史发展来看，有古代朴素辩证法，近代的费尔巴哈的唯物主义、黑格尔的唯心辩证法、和后来马克思和恩格斯在费尔巴哈的唯物主义和黑格尔的辩证法的基础上进行革命性的创新，创立的马克思主义的唯物辩证法等。从当代世界来看，不论是唯物论还是唯心论，都存在很多不同的哲学派别。那么，在这些哲学中，哪一种哲学是最好的学习锻炼理论思维的教材呢？恩格斯说，对自然科学来说，是唯物辩证法。恩格斯这样说有什么根据呢？他说：这是近代自然科学从经验自然科学向理论领域发展的历史任务决定的。恩格斯说：到近代，“经验自然科学积累了如此庞大数量的实证的知识材料，以致在每一个研究领域中有系统地和依据材料的内在联系把这些材料加以整理的必要，就简直成为无可避免的。建立各个知识领域互相间的正确关系，也同样成为无可避免的。因此，自然科学便走进了理论的领域，而在这里经验的方法就不中用了，在这里只有理论思维才能有所帮助。”“然而恰好辩证法对今天的自然科学来说是最重要的思维形式，因为只有它才能为自然界中发生的发展过程，为自然界中的普遍联系，为从一个研究领域到另一个研究领域的过渡提供类比，并从而提供说明方法。”恩格斯的这些话主要有以下几层意思：

第一层意思是，自然科学的产生和发展，必定是也只能是从经验自然科学开始的。这是由于人类的思维能力产生的初始阶段，必定是也只能是凭自己的感觉和感性经验来认识事物和解决问题。人们对自然认识的这种经验的积累，就逐渐形成了经验自然科学。

第二层意思是，经验自然科学必定向理论自然科学发展。决定这一发展的条件是：到近代，经验自然科学积累了庞大数量的实证的知识材料。有了这么多的实证的知识材料，自然科学要继续发展，就不可避免地提出必须实现的两大任务：第一大任务是根据每个研究领域的材料的内在联系进行系统的整理，揭示该领域的本质和规律，即建立起每个研究领域的科学。第二大任务是建立各个知识领域互相间的正确关系。自然界各个领域是普遍联系的，因而各领域的各个科学也是普遍联系的，因而研究它们之间的普遍联系，建立各个知识领域互相间的正确关系，就成了自然科学继续发展的大任务。实现这两大任务就是从经验自然科学向理论自然科学发展。因此，自然科学发展到近代，从经验自然科学向理论自然科学发展，自然也是无可避免的。

第三层意思是，经验自然科学到了必须实现这两项任务向理论自然科学发展的时候，“经验的方法就不中用了，在这里只有理论思维才能有所帮助。”这是因为经验方法不能揭示事物的本质和规律，不能揭示各个领域是普遍联系。而唯物辩证法正好是科学地揭示“自然界中发生的发展过程，为自然界中的普遍联系，为从一个研究领域到另一个研究领域的过渡提供类比，并从而提供说明方法”的，这就是说，唯物辩证法正好满足了经验自然科学向理论自然科学发展必须实现的两大任务的要求。

恩格斯还说，他从自然科学书籍中，看到自然科学家自己感觉到，盛行的康德哲学的理论思维方式是如何厉害地统治着他们，对他们带来的纷扰和混乱，并说“现在流行的所谓哲学如何绝对不能给他们以出路。除了以这种或那种形式从形而上学的思维复归到辩证的思维，在这里没有其他任何出路，没有达到思想清晰的任何可能。”“这种复归可以通过不同的道路达到。它可以仅仅由于自然科学的发现本身所具有的力量而自然地实现。……但这是一个比较长期、比较缓慢的过程，在这个过程中有大批多余的阻碍需要克服。……如果理论自然科学家愿意从历史的存在的形态中仔细研究辩证哲学，那么这一过程就可以大大地缩短。”唯物辩证法就是这样成了最重要最科学的理论思维形式，成了感觉论和经验论的克星，成了最重要最科学的理论思维教材，成了“一个民族想要站在科学的最高峰”的最好的思想理论武器。

究竟怎样思维才是辩证思维？简单地说，首先要坚持唯物主义，即坚持实事求是的思想路线。其次是按照唯物辩证法的法则、范畴去认识事物和解决问题。毛泽东的《实践论》和《矛盾论》为我们操作自己的思维能力和知识去进行理论思维，提供了科学的方法。

人都有作出发现发明能力，为什么绝大多数人没有发现发明呢？——创新意识和理论思维的重要性

下面就以你、我、他都有做出发现浮力原理的能力，而你、我、他却没有作出这种发现的实例，来说明创新意识和理论思维的重要性。

比较《曹冲称象》和《阿基米德鉴定金冠是否掺假》这两个故事可以看到，此前，他们都不知道自然界存在着浮力原理。曹冲

和阿基米德要解决的问题虽然不同，但在解决问题时，都利用了浮力。如果对比这两个故事，对发现浮力原理来说，从他们要解决的问题的条件和当时的实际情况来看，曹冲比阿基米德容易得多。为什么这样说呢？因为曹冲称象是不自觉地直接利用了浮力原理，用过了称的砂石往船上装，装到和象在船上画的吃水线持平为止，即用与象等重的砂石来求象的重量。他这样解决称象问题。这就不仅在客观上运用了浮力原理，而且把象在船上所受的浮力都求出来了。曹冲离发现浮力原理，实际上只有一步之遥了。而阿基米德则难得多，因为他要解决的问题是鉴定做好了的金冠是不是掺了假。这样的问题，一般人都会认为跟水不沾边，很难想到它和水有什么关系，和浮力原理更是扯不到一起。可见阿基米德要解决鉴定做好了的金冠是不是掺了假的问题、要现浮力原理是多么难！既然如此，为什么容易发现浮力原理的曹冲没有发现浮力原理，而很难鉴定做好了的金冠是不是掺了假和发现浮力原理的阿基米德却发现了浮力原理呢？原因就在曹冲虽然聪明，但他仅仅把自己的思维锁定在解决称象的问题上，没有进一步的创新意识了，进行从个别到一般的理论思维，探求其本质和规律，因而他意识不到还有比解决称象问题更珍贵无比的、深藏在船吃水深浅与船装载的重量成正比的常识中的浮力原理。

有人会说曹冲年纪小，不可能像阿基米德那样发现浮力原理。这个理由应当说是说得通的。但是，如果说曹冲年纪小，那么，在场的曹操和他的众多的官员们，都是那个时代的精英，他们在政治、军事和文学等领域的成就表明，他们实际上是经常不自觉地运用理论思维进行创造的。例如，曹操用形象的比喻的方法，创造出脍炙人口的“老骥伏枥，志在千里”的诗句，来抒发自己的情怀，如果他没有很强的理论思维能力，他是写不出这样的名句来的。因此，应当说曹操和他的众多的官员们看到曹冲称象后，是具有阿基米德那种发现浮力原理的理论思维能力的。既然如此，为什么他们也没有发现浮力原理呢？差别就在他们把自己的认识只集中在欣赏曹冲解决称象问题的聪明上，缺乏创新意识和没有对曹冲解决称象问题的各种现象，进一步探求其本质和规律，进行从个别到一般的理论思维，从感性认识上升为理性认识，因而他们和曹冲一样，都没有认识到曹冲称象过程中蕴藏的自然规律，发现浮力原理。

这样的失误，不仅在曹冲和曹操以及他的官员们身上发生过，而且此后人们累累重复这种失误，下面列举的山东教育出版社1982年10月出版的《智力故事300个》上册中两例，请读者自己进行剖析，从中体会创新意识和理论思维的重要性。

（一）揭榜的和尚（摘编）

宋朝时，永济县城门口贴的悬赏榜文说：黄河泛滥，城外浮桥被冲毁，两岸拴浮桥铁链的镇水的重逾千斤的八只大铁牛亦被卷入河中。政府为重建浮桥，镇住洪水，发出告示：有能将铁牛捞至修浮桥处的岸边者，赏银百两。……围观众人无人敢揭。此时，有个和尚看完榜文，将榜文揭下。众人哗然。有人说，他能捞起千斤铁牛，莫非有神仙相助？和尚听了笑道：哪有什么神仙相助，既然铁牛是被水冲走的，我只不过是要让水把它们一一送回。观众听了更是莫名其妙。只见和尚叫人划来两只木船，将船并列，两船之间留出间隔。又叫人扛来一根粗长木杠，横捆在两只船上。接着叫人往船上装砂石，一边装，船就一边随之下沉，一直装到砂石将船的上弦压到与河水的水面几乎持平为止。然后叫人把船划到沉有铁牛的水面上，让人带着绳索潜入河底，捆住铁牛。绳的另一头拉紧捆在横在两船上的大木杠上。再叫人把船上的砂石倒入河中。随着船上砂石的掏空，两船上浮将铁牛提起离开河底，再把船划到重建浮桥的岸边。就是这样，一只一只铁牛还未浮出水面，就送到了指定的地点。这个揭榜捞铁牛的和尚，就是有名的工程家怀丙。

（二）大海里捞炮（摘编）

清朝政府从外国买了一门几千斤重的大炮。运回的途中，在东海遇上大风，把炮掀入海中。政府得报后，下令限船上水手10日内把炮捞起，否则杀头。急得十余名水手心烦意乱，束手无策。时限只剩三天了，水手们坐船来到沉炮的海面相视发愁时，有个叫任昭才的水手，和几个同伴用桶往海里掏船舱中的积水。他看到积水往海里掏，船随舱内的积水减少而吃水逐渐变浅，顿时一个捞炮的方法在任昭才的脑海里产生：他指挥水手调来大小差不多的八只木船，分成四组，每组二只，一只装满砂石，一只为空船；每组带粗长绳索两根。令四组船分列于沉炮的四角海面上。然后叫四个组同步依次进行以下操作：各组派水手带上一根绳索，潜入海底，分别捆住炮的四角；再浮出水面，将绳索的另一头拉直捆在装着砂石的船上；然后叫各组把装砂石的船中的砂石往另一只空船上装。掏空砂石的四船的吃水就由深变浅，就把沉在海底的炮往上抬起船的吃水线由深变浅的那样一段距离。然后又如法炮制。任昭才和水手们就是这样一次又一次地利用各组的两只船如上述那样倒换砂石的办法，一段又一段地把炮往上提，终于在规定的时间内，把沉入海底的大炮捞了上来。

阿基米德浮力原理是哪一年传入中国的，没有考证。从这两个故事来看，怀丙和任昭才是不知道阿基米德已发现了浮力原理的。但他们都是利用浮力原理解决了自己面临的问题的。应当说他们是够聪明的。但是，更应当看到，他们和曹冲、曹操及其官员一样，也是把发现浮力原理的机遇错过了。他们之所以未能发现浮力原理，不是他们没有这种能力，他们仅仅是少了创新意识和从个别到一般、从感性认识发展到理性认识的理论思维那一步。

从曹冲称象到怀丙揭榜、再到任昭才海中捞炮，前后经历了近两千年。一而再，再而三地把已经抓到手的发现浮力原理的机遇错过了。对此，他们自己一点也未察觉，因而他们一点也不觉得后悔。后来，人们读了上述故事后，有何反应呢？除了觉得他们聪明外，也未看到有谁为他们一而再，再而三地把已经抓到手的发现浮力原理的机遇错过了而感到惋惜。由此可知，创新意识和理论思维，对科学发展有多么重要。

更为重要的是，利用了浮力原理，却未能发现浮力原理这样的事情，不是上述三个故事能了得的。这样的事情，不仅仅只是在故事里才有。我们想想，从古到今，有多少人游过泳，泡过澡，有多少人坐过船、造过船，有多少人为水运装卸过货物，……就拿你、我、他来说，有谁没有感受过浮力呢？恐怕没有谁能作否定的回答。但是，有谁在知道浮力原理以前，想到过在这些现象中，蕴藏着什么自然规律，要把它发现出来呢？有谁在知道浮力原理后，察觉到自己没有作出这个发现，为此感到惋惜呢？又有谁想到过，在能不能发现浮力原理的问题上，自己和阿基米德的差距，就在缺少了创新意识和从个别到一般、从感性认识到理性认识的理论思维那一步呢？又有谁想到过，在我们身边每天发生的事物中，是不是隐藏着类似的秘密，有待我们去发现呢！

（三）为什么种牛痘源于我国却发明于欧洲？

如果说上面剖析的几个故事，除了说明创新意识和理论思维重要外，对实际生活似乎显得无关紧要。那么，下面剖析的琴纳发明种牛痘的故事，就说明创新意识和理论思维是事关全世界人民生命安全、科技进步非常紧要的大事了。因为早一点发明种牛痘，全世界就会少死多少万人。

天花，曾经是流行于全世界的、非常可怕的、常见的疾病。14世纪的一次天花流行，夺去了1/4的欧洲人的生命，仅伦敦就死了7万人。这种天花疾病，由于琴纳发明了种牛痘，已能预防。可以说，现在已基本消灭了天花疾病了。琴纳发明种牛痘，为世人造福，赢得世人景仰怀念。但是，我们更应当知道，种牛痘防治天花的方法，最早源于我国。可是，琴纳发明种牛痘前，许多国家的人，特别是我们中国人，曾经无数次错过发明种牛痘的机遇。因此，我们重温琴纳发明种牛痘的经历，对提高我们的创新意识和增强理论思维的重要性的认识，深入贯彻落实科学发展观，建没创新型国家来说，无疑是有益的。

1766年的一天，琴纳和医生们议论天花流行病问题。当他说到“我们一定要找到防治天花的办法”时，在旁边看病的一个挤牛奶的女工插话说：“前些日子天花流行，我们农场挤奶女工没有一个人染上天花。人们说，这是我们的手经常接触奶牛，手上长过牛痘，才逃过了这种灾难。”琴纳听了这个挤奶女工的插话以后，心中一亮，似乎对防治天花得到某种启发。可是另一位医生接着说：“这跟防治天花有什么关系？难道要让全世界的人都去挤牛奶不成？”这句话又使琴纳的心情暗淡下来。（请注意他们的思维方式！）

一晃过了10年，但如何防治天花的问题，一直在琴纳心中悬着。这时，他得到一个医疗信息：中国人早就发现了“以病防病”的防治天花的方法。中国人把患天花病较轻的人身上水疱里的水，用棉花蘸着擦在健康人身上；或是把病人身上的水疱结痂，吹进健康人的鼻孔，使他感染一次轻天花，就能保证他以后不再得天花了。这个信息还说，宋朝有个名叫王旦的臣子，他的儿子用了此法，在天花流行时，没有被传染。王旦为此送重礼给为他的儿子用此法预防了天花的人。总之，这类实证的知识材料在中国流传久广。

这个方法——实证的知识材料，17世纪传到朝鲜、日本和俄国，再传到波斯和土耳其，他们也有许多用这种方法成功防治天花的实例。1718年，英国驻土耳其大使夫人梅丽，用中国接种天花的方法为女儿接种，收到防治效果。于是将此法带回英国。英国威廉王妃听说后，也为孩子们接种，同样避免了天花。从此中国的防治天花之法，在欧洲传播开来。但是，这种方法并非绝对安全。有一次，天花流行于波斯湾，有41个人请求医生博伊尔斯顿为他们接种天花。结果35人收到防治效果，六人却因此感染成重症而丧生。

琴纳搜集了诸如此类有关实证的知识材料，对有关现象进行了深入的调查，认为接种天花可行，但必须使接种者不能感染过重。如何掌握这个度呢？此时，他想起了10年前挤奶女工的那段插话，就立即赶赴奶场，对所有挤奶女工进行调查，发现她们都没有患过天花，但都感染过牛痘，表明她们挤奶时，无意中接触过患天花的奶牛的脓浆，导致她们手上长小脓包，身上略感不适，但过不了几天，这些小脓包很快自行消失，身体复原，以后再也不患天花了。他还从女工们那里得知，英国格罗斯特郡的一些家族认为：发生在牛身上的牛痘，有时在人身上发生，既能防止牛痘，又能防治天花。琴纳对这些实证的知识材料和调查结果进行了理论思维，得到牛痘和天花十分相象，人感染了牛痘就产生了抗牛痘的能力，同时也产生了抗天花的能力；牛痘能引起水泡，但不会给人留下麻点，又能使人感染轻度天花，是控制天花感染度的万无一失的方法。于是他提出了大胆的设想：人人种牛痘，预防天花。经过动物试验，效果良好。可是，有哪个人愿意在自己身上试验呢？琴纳不顾家人亲友的反对，为了拯救千百万人免遭天花杀害，1796年5月14日，决定以自己的儿子作试验，硬是在儿子身上种了牛痘。儿子种牛痘后，反应比挤奶女工感染牛痘后的症状还轻，身体恢复得更好。接着他又在亲友们的“琴纳要亲手害死自己的亲儿子”指责声中，在儿子身上作是不是有抗天花能力的验证实验。他把大量的天花脓水接种到儿子身上。结果儿子不仅没有染上天花，而且连不适感都没有，他的儿子竟成了不怕天花的铁汉。又经反复试验，均获成功。1798年，琴纳撰写了《牛痘的成因与作用》一书，公开了种牛痘防治天花的方法。可是，在全世界的人免受天花之苦的、对他的称赞声中，封建教会的顽固派却嚷道：用牲口的疾病来感染人，是“亵渎上帝”。“接种牛痘可防治天花，是魔鬼的谎言”。有的报纸还说：种了牛痘会使人“头上长出牛角”，“发出牛叫声”，“变成牛头”，“眼睛像牛一样斜着看东西。”妄图用恐吓与迫害来阻扰种牛痘的推广。1813年，有人提议选琴纳为伦敦皇家内科学会会员，也因封建教会的顽固派的反对得不到通过。这类攻击与卑劣的做法，自然阻挡不了琴纳给人类带来的真正的福音，抹杀不了琴纳对人类的贡献。1823年1月24日琴纳逝世。伦敦和巴黎为他塑了像。在巴黎的像座上刻着：“向母亲、孩子、人民的恩人致敬！”

更为重要的是，琴纳发明的种牛痘预防天花的方法，还把医学界引向种牛痘为什么能防治天花的研究，导致了免疫学的诞生。琴纳成了近代医学奠基人。

这个事例值得我们思考的问题是：为什么中国有那么多的“以病防病”的预防天花的实证资料，却没有发明种牛痘，创立免疫学呢？这些实证资料经过17世纪传到朝鲜、日本和俄国，又传到波斯、土耳其，再传到英国。一路上又增添了那么多的证实资料，为什么他们都没有根据获得的这些证实材料，发明种牛痘，创立免疫学呢？这种情况，岂不是正好证明了经验自然科学（在这里是经验医学科学）一走进理论的领域，“经验的方法就不中用了”吗？为什么这些种牛痘预防天花的实证材料到了琴纳手中，则使他发明了种牛痘并导致了免疫学的诞生呢？岂不也是正好证明了经验自然科学（在这里是经验医学科学），一走进理论的领域，“只有理论思维才能有所帮助”吗？由此可见，无数的获得了防治天花的实证材料、没有发明医治天花的方法、摧生免疫学的人，并非他们缺乏发明医治天花的方法的能力，只是因为他们对获得的这种实证材料后，缺乏创新意识，没有进行理论思维。琴纳则不同，他有很强的创新意识，他得到这些防治天花的实证材料后，通过理论思维，揭示这些材料之间的普遍本质，内在联系，运动规律，他才得以发明防治天花的方法，开启了免疫学的大门。从这种对比中，我们再看恩格斯说的“一个民族想要站在科学的最高峰，就一刻也不能没有理论思维”，是多么实在、多么伟大！

著名的英国近代生物化学家和科学技术史学家李约瑟（1900—1995年）提出了一个被科技界称之为“李约瑟难题”。这个难题是：尽管中国古代对人类的科学技术发展作出了很多重要贡献，但为什么近代科学和工业革命没有在中国发生？为什么公元16世纪之间，在将人类的自然知识用于实用目的方面，中国较之西方更为有效，之后中国科学技术却停滞不前？这个问题，在全世界，特别是在中国，都是一个重大的、意义非凡的总结经验教训的课题。中外学者对这个难题发表了许多有价值的见解。这里想要建议的是：是不是从思维方式方面来探讨这个问题，对回答“李约瑟难题”，对总结这个经验教训，也能得到有益的启示呢？

第八节　一个重要的领导艺术和工作方法

通过以上探讨，我们已经知道，感觉论和经验论的思维方式有天然的深刻根源，具有很大普遍性及危害性，并且很不容易克服。只有学习哲学、主要是结合实际学习唯物辩证法，学会理论思维，才能克服。因此，要尽可能快地在群众中普及唯物辩证法，帮助人们学会理论思维。但是，我国那么大，人口那么多，绝大多数是农村人口，普及义务教育都那么艰巨，普及唯物辩证法，教人们学会理论思维，谈何容易。况且我国革命和建设是不能等待人们学会了理论思维，克服了感觉论和经验论以后再干的。这就要求各级领导必须面对现实，在积极组织人们学习唯物辩证法，学习理论思维的同时，学会这样一种工作方法，也可以说是学会这样一种领导艺术：即根据和利用人们普遍存在的喜欢相信自己的感觉和感性经验的心理，普遍存在的感觉论和经验论的思维方式的特点，采用看得见，摸得着，感觉得到，放得下心等因势利导的方法，使党和国家的政策、法律、科学知识、先进技术等，为人们所欢迎和拥护，变成人民群众的实际行动；并通过这样的实践，来帮助人们学会理论思维和提高人们的理论思维的能力，提高人们的创新意识。其实，这种工作方法并不是新的工作方法，确切地说，这是我们党的一个传统的做好工作的工作方法，是从实际出发，理论联系实际的重要的工作方法。

我国新民主主义革命时期，曾经大量使用过这种工作方法，并取得巨大成功。例如，民主革命时期，我们党为什么得到农民拥护？十分重要的一条，就是党领导农民搞土改，打土豪、分田地，使农民得到实际利益。又如，解放军无论是走进一个村庄，还是到了一个城市，都反复高唱《三大纪律八项注意》。在驻地，每个革命军人都要为老百姓担水扫地做好事，并经常对照“三大纪律八项注意” 检讨执行群众纪律的情况……老百姓看见了，就有了这样的非常直接的现实的感觉和感性经验，自然就会看出解放军和国民党军队的区别，觉得解放军是人民的军队，领导这支部队的共产党是代表人民利益的党。老百姓有了这样的认识，自然就能进一步去理解党的路线方针政策，进一步去理解党领导革命的理论及其伟大意义，更加拥护中国共产党和人民军队了。

这种工作方法同样是实现社会主义建设任务，推动社会进步的、重要的和必不可少的工作方法。20世纪80年代，《农民报》刊载的一篇怎样发动农民养鸭致富的报道，能帮我们理解这个工作方法的有效性，没有这个工作方法就玩不转。现在把这篇报道摘编于下：

安徽宿县梅庵镇水资源多，有很好的养鸭条件，可是当地农民却没有养鸭的习惯。政府三番五次地号召农民发展副业，利用水资源多的条件，养鸭致富。照理讲，这么好的事，正是当地农民求之不得的。可是实际情况是，无论干部们怎么动员说养鸭好，农民们就是不以为然，没有实际行动。1988年，宿县的唐怀民县长和干部们经过分析，发现农民缺乏养鸭积极性的原因就在农民没有养鸭致富的感性经验，不相信养鸭能致富。用通俗的话说，就是我自己没有亲自看到养鸭致富，你讲的道理再好，我也不听你的。于是唐怀民县长带领镇长戴龙祥，几次南下浙江慈溪，请来了养鸭大王陆永康等10名技术人员，请他们在镇上安家落户养鸭。就在当年，该镇农民看着“南蛮子”养的两万只鸭不断“生金屙银”，一车一车的活鸭和鸭蛋往城里送，回来时口袋鼓得饱饱的，农民们惊讶羡慕不已。农民们有了这种感觉和感性经验，不用干部多费口舌，很快就自动念起养鸭经来了，那股养鸭的热火劲儿一下就释放出来了。不久，当地农民自己养的鸭也“生金屙银”，美滋滋地看到自己的口袋也鼓了起来。

这个报道很好地说明了唐怀民县长和戴龙祥镇长在实际上认识到：一、农民单凭感觉和感性经验认识事物和做事情的感觉论和经验论的思维方式，既普遍，又根深蒂固。二、行政命令手段解决不了农民的感觉论和经验论的思维方式的问题。用行政命令强迫他们接受，结果只能适得其反。三、在农民学会理论思维以前，只能充分地利用他们的感觉论和经验论的思维方式，用他们看得见，摸得着，感觉得到、能学会，放得下心的方法，使养鸭能致富变成农民的感性经验，农民自然就自觉地发展养鸭经济了。

又如，在十一届三中全会以后，在农村工作中，为了改变农业生产落后，帮助农民脱贫致富，我国推行“星火计划”，推广先进农业生产科技。这个计划指出了农民脱贫致富的根本出路，反映了农民的紧迫需要。按理说，这个计划的实施，应当得到农民广泛热烈的欢迎。可是，在实际的实施中，人们发现，要农民买账，接受这个计划并不容易。贯彻实行这个计划的结果表明，凡是采用了既大力宣传星火科技，又切实实行“试验田”、培养“星火计划”带头人、“科学种田示范户”、农业科技人员与农民签订各种形式的协议，与农民一起搞星火科技，共同分担失败的风险，让农民放心等方法的地方，都获得了巨大的成功。为什么采用这些方法就能获得成功呢？根本的原因就在这些方法实际上利用了农民认识事物解决问题时，普遍存在感觉论和经验论思维方式的特点，让农民看得见，摸得着，学得会，亲自体验得到“星火科技”带来的实惠，使农民不能不从思想上接受和实行星火科技。反之，凡是采用只是宣传“星火计划”的好处，宣传后就叫农民照着做，农民不做，就利用行政权力强迫农民做的方法来推行“星火计划”的，就无不失败。失败的根本原因就在：一是不了解农民普遍存在感觉论和经验论思维方式认识事物、解决问题的习惯。在农民对“星火科技”能给自己带来实惠缺乏实际感受和感性经验的情况下，要农民买账是不可能的。二是不了解只有把“星火计划”能给农民带来的实惠变成农民的感觉和感性经验，农民才会从思想上接受这个计划。三是“星火计划”推广遭到失败后，有的推广人员往往不是检讨自己推行的方法是否适合农民的思维方式，不了解要农民认识和接受这种新事物必须经过的客观认识过程，反而常常把失败的原因归咎于农民文化低，不懂道理，不讲道理，不识好歹，不接受新鲜事物，保守落后等。如此实施“星火计划”，岂有不陷入被动落后的道理？

这种工作方法的重要意义远不限于能使只相信自己的感觉和感性经验的人，接受科学理论、先进技术、方法和新事物，还是能引导人们进行理论思维的学习锻炼，产生创新意识，从而解放知识和创造力的方法。这是因为单凭感觉和感性经验认识事物和解决问题的人，只有在多次这样的实践和实际感受中，才能逐渐接受科学理论，逐渐理解到什么是理论思维，感受到理论思维的好处，使他们从不相信科学技术到使用科学技，再到进行科学技术的创造，因而这是改变人们的感觉论和经验论思维方式，学会理论思维的必经的途径和重要的工作方法，是培养创新意识，解放知识和创造力的领导艺术。总之，这是深入贯彻科学发展观，实现社会主义建设任务不可缺少的领导艺术和工作方法。

第三章

解放创造力，要树立科学的创造观

第一节　解放创造力为什么要树立科学的创造观

创造观是人们对人类在自然科学和社会科学领域进行创新活动及其成果的基本认识和态度，主要是对科学技术发明创造活动及其成果在人类社会发展中的地位和作用的基本认识和态度。

一、人人都有创造观

很多人不知道自己有创造观，或认为自己没有创造观，当然更不知道自己持有什么样的创造观。其实，不论人们自觉还是不自觉，客观实际上，每个人对人类在自然科学和社会科学领域进行的创新活动及其成果，都有自己的认识和态度。只有这种认识和态度正确不正确、科学不科学的不同，不存在有无这种认识和态度的问题。既然如此，就可以说人人都有创造观。例如，近三十多年来，电视机一代一代地换，从黑白电视到彩色电视，彩色电视又从模拟信号变成了高清晰数字信号电视……总之，电视机的这种变化，使电视机的功能越多，使用起来越方便，越好看。对这种变化，人们是乐于享受的。但是，有多少人想过，是谁作出了什么发明创造，才给我们带来了这种享受呢？又有多少人想过，这些发明创造，对人们的思想，对社会的进步有什么作用呢？人们似乎是只要能用钱买来更好的电视看就行，这些问题就不管它了，甚至连他人种树，自己乘凉的感觉都没有。这种认识和态度就是虚无主义的创造观。这样的人对其他领域的发明创造给人类带来的物质文明和精神文明的认识和态度，大致也是如此。这就证明人人都有创造观。任何人不存在创造观有无的问题，只有自己的创造观正确不正确、科学不科学的问题。

二、虚无主义的创造观是不正确不科学的创造观，是束缚自己和他人创造力的枷锁

主要表现在：不能正确认识发明创造活动及其成果在人类社会发展中的地位和作用；不能从他人的发明创造活动及其成果中吸取营养，转化成自己开拓创新为社会作贡献的力量；不关心他人和社会的创造力的作用的发挥，对开拓创新的人缺乏积极的鼓励和支持等，这就成了束缚自己和他人的创造力的枷锁，客观上是妨碍社会进步的消极的创造观。更为严重的是，人们对此并不自觉，这就使这种消极的创造观对人们的创造力的桎梏更为严重，使这种消极负面作用更难克服。这就告诉我们，要解放自己和社会的创造力，人人都要树立科学的创造观。

三、科学的创造观是解放创造力的强大动力

一个人，是不是想要解放自己和社会的创造力，在认识到什么是创造力、什么是妨碍自己的创造力的解放的主观因素是什么之后，还得有解放创造力的动力。动力从哪里来？主要来自对自己和社会创造力的解放的认识和态度，即来自人们的创造观。道理很明显，如果人们认为解放自己和社会的创造力是无关紧要的事，自然就不会关心自己和社会的创造力的解放，解放创造力就没有动力。反之，如果认为自己和社会的创造力的解放是非常紧要的大事，自然就会关心自己和社会的创造力解放，解放创造力就有动力。而且认识水平越高，态度就越积极，解放创造力的动力就越强大，越持久。因此，解放创造力，应树立科学的创造观。

第二节　马克思主义哲学是最好的、最基本的、最具普遍性的科学创造观和创造的科学

马克思、恩格斯和其他马克思主义者，都没有说过马克思主义有什么创造观，更没有说过马克思主义哲学是最好的、最基本的、最具普遍性的科学创造观和创造的科学。但是，只要从创造学的角度去读马克思主义哲学，就会发现，马克思主义哲学不仅为人们提供了最好的、最基本的、最具普遍性的科学的创造观，而且还为人们提供了最好的、最基本的、最具普遍性的创造的科学。在一定意义上，可以说马克思主义哲学的基本精神，是教导人们为什么要创造和怎样创造的科学，只不是人们过去没有发掘出来罢了。

马克思主义哲学包括辩证唯物主义和历史唯物主义两大部分。下面分别来发掘和探讨。

第一部分　辩证唯物主义是最好的、最基本、最具普遍性的科学创造观和创造的科学

辩证唯物主义是科学地反映客观世界的科学的宇宙观、世界观和方法论三者的统一。创造观和创造的科学自然是它的派生物。

辩证唯物主义公开表明自己有两大任务：一是科学地认识世界，二是科学地改造世界。

先说第一大任务，科学地认识世界。辩证唯物主义宇宙观认为，世界是物质的，物质世界都是运动的，物质运动是不断发展的。人对世界的认识，就是认识不断发展着的物质运动。这就要求人们的认识，随着不断发展着的物质运动而发展。毛泽东在《实

践论》中说："客观现实世界的变化运动永远没有完结，人们在实践中对于真理的认识也就永远没有完结。马克思列宁主义并没有结束真理，而是在实践中不断地开辟认识真理的道路。"人只有这样去看世界，才能科学地认识世界。科学地认识世界，当然不仅是指已被人们正确认识了的世界，主要是指尚未被人们认识的世界，或是指人们对世界的认识有错误，并未真正正确认识了的世界。认识这样的世界，就是要作出科学发现。科学发现就是创造。人们常把辩证唯物论称之为认识论，这就是说，辩证唯物论是为人们提供最具普遍意义的科学发现方法的哲学。例如，毛泽东的《实践论》认为：实践出真知，一切认识过程的始终，都必须坚持实践；首先，在实践中要尽可能地丰富感性认识；其次，感性认识要上升到理性认识；然后，要用理性认识指导实践，并通过实践检验理性认识的真理性；要在实践，认识，再实践，再认识……的过程中，坚持真理，修正错误，使认识不断接近真理，不断提高认识水平和实践水平等。这类论述，无不是告诉人们掌握最基本的、最具有普遍意义的进行科学发现的理论和方法。

再说第二大任务，科学地改造世界。科学地改造世界，不仅要用已经发现的科学理论和已经发明的技术和方法，而且更重要的是，要根据改造世界的需要，去发现尚未发现的科学理论和尚待发明的技术和方法。发现和发明就是创造。人们常把唯物辩证法称之为方法论，就是说，唯物辩证法是为人们提供最具普遍意义的科学发现发明方法的哲学。例如，质量互变、对立统一、否定之否定三大法则，原因和结果、必然性和偶然性、可能性和现实性、内容和形式、现象和本质、相对和绝对等范畴，……都是最具有普遍意义的科学地进行发现发明的理论和方法。只要联系科学发现发明的实际，就会发现这些哲学思想，正是每个严肃的科学工作者在作出科学发现和技术发明的过程中，自觉或不自觉地使用了的最基本的方法。

既然认识世界靠创造，改造世界也要靠创造，并且这是永远不会完结的创造。因此，以科学认识和改造世界为自己的根本任务的辩证唯物主义哲学、为认识真理开辟道路的辩证唯物主义哲学的本质就是创新，就是科学发展观，科学的创造观，就是科学的创造理论体系。只不过人们一般还没有这么看罢了。

世界上还没有任何一种哲学能够像辩证唯物主义哲学那样，为人们提供如此基本的科学的创造观和创造的方法。如果每个人都树立这样的创造观，自觉运用这一理论武器，岂不是能大大提高人的创新的自觉性、积极性和发现发明能力？

第二部分　历史唯物主义是社会科学领域的科学创造观和创造的科学

历史唯物主义是在辩证唯物主义的思想指导下，形成的社会科学领域的科学创造观和创造的科学。它是科学认识人类自身发展、人类社会发展历史和推动人类社会进步、科学创造历史的科学哲学。下面探讨两个问题：第一个问题，人类起源于创造；第二个问题，能获得新生产力的生产工具和技术的发明创造，是从旧的社会制度发展为新的社会制度的起点和最终的决定的因素；

第一个问题　人类起源于创造

人类起源的问题，是历史唯物主义中的一个重要的根本的问题。马克思主义对这个问题的回答，从实质上来看，就是人类起源于创造。这个观点乍听起来觉得很新鲜，其实，这不过是马克思恩格斯和科学家们的观点的固有之义，只是他们没有这么说罢了。

经过包括恩格斯在内的科学家们长期艰苦的、多学科的对人类起源问题的探索，得到一个共同的科学结论：人类起源于劳动。他们都认为，人类的原始祖先是灵长类动物古猿中的一支。约600万年前，这支古猿从其他古猿中分化出来，经过漫长的进化过程，进化成为人类的。导致这支古猿进化成为人类的决定因素是劳动。恩格斯的《劳动在从猿到人转变过程中的作用》一文开头就说："劳动创造了人本身。"①他对此进行科学论证后概括地说："一句话，动物仅仅利用外部自然界，单纯地以自己的存在来使自然界改变，而人则通过他所作出的改变来使自然界为自己的目的服务，来支配自然界。这便是人同其他动物的最后的本质的区别，而造成这一区别的还是劳动。"②

如果我们从上述观点出发，进一步往深处想，就能从四个方面证明人类起源于创造：

1. 劳动本身是最伟大的创造

恩格斯说："劳动创造了人本身。"但是，还应当看到的是，我们的动物祖先在进化成人类的过程中，同时创造了劳动。劳动本身就是创造出来的，而且是最伟大的创造。

为什么说劳动本身就是创造出来的呢？

在世界上还没有人类的时候，人类的猿类祖先，同其他动物和其他猿类一样，以动物的生存方式生存。我们的猿类祖先在进化成人类的过程中，产生了劳动。世界上本来没有劳动，世界从没有劳动到有了劳动，劳动自然就是我们的猿类祖先在进化成人类的过程中的创造。只不过他们不自觉这是自己的创造罢了。

为什么说产生劳动的本身是最伟大的创造呢？

首先，劳动是人类的猿类祖先，从动物的生存方式转变为人类的生存方式的最伟大的创造。

我们的猿类祖先和其他猿类一样，按动物的生存方式生存和发展。即仅仅是利用外部自然界，单纯地以自己的存在来使自然界改变的生存方式生存和发展。简单地说，就是依靠适应自然的生存方式生存和发展。约600万年前，我们的猿类祖先开始了同其他猿类的分化，走向进化为人类的漫长旅程。这个过程之所以产生、这个过程的起点，就是他们开始了劳动生存方式的创造。经过他们和他们的后代约600万年的持续努力，创造出了通过自己所作出的改变来使自然界为自己的目的服务，来支配自然界的生存方式。即创造了通过自己的劳动来改造自然的生存方式。就是这个创造，使他们发生了从动物的适应自然的生存方式生存和发展，到人类的改造自然的劳动的生存方式生存和发展的伟大转变。如果有谁不能理解这个转变是最伟大的创造的话，那么，请你拿我们自己的生存方式同猿类进行比较，然后回答是按猿类的适应自然生存方式生存好，还是按人类的改造自然的劳动的生存方式生存好的问题，自然就知道劳动是何等伟大的创造了。

其次，劳动是使我们的猿类祖先进化成为人类的伟大创造。

人类的身体及其器官的形状、结构、功能，是我们的猿类祖先在从适应自然的生存方式生存、向改造自然的劳动的生存方式生存的转变过程中，我们的猿类祖先能发育出适应自然生存方式生存的身体及其器官的形状、结构和功能的猿的基因，随着创造劳动的发展进程，一代接着一代，根据劳动发展进程的要求，按照用进废退，自然选择，遗传变异等生物进化规律，不断磨砺打造，向有利于劳动的方向进化。经过了约600万年的进化，最终在改造自然的劳动的生存方式创造成功的同时，使猿的基因发生了根本的变化，进化成了能发育出适应改造自然的劳动的生存方式生存的身体及其器官的形状、结构和功能的人的基因，从而实现了从猿到人的进化，使人类得以诞生和发展。由此可见，劳动是一个何等伟大的创造。如果有谁不能理解或怀疑这种创造的伟大的话，不妨拿我们自己的身体及其器官的形状、结构、功能，同现代的猿类进行比较，然后回答是猿的好还是人的好的问题，自然就知道劳动是何等伟大的创造了。

再次，劳动是导致人类社会诞生的伟大创造。

创造出劳动，人类就靠劳动的生存方式生存。人们在按劳动的生存方式生存中，必定发生一定的交往，形成一定的相互关系，例如劳动中的互相协作，交流劳动生产的经验，产品分配，交换产品……这就必定形成一定的人类社会。由此可见，人类社会起源于劳动。劳动是人类创造出来的。自然也就可以说人类社会起源于人类创造出了劳动。如果说有谁怀疑劳动创造出人类社会的伟大意义的话，不妨拿自己的社会生活同猿类的群居生活作比较，然后回答是过猿类群居生活好呢？还是过人类社会生活好呢？回答了这个问题，自然就能理解劳动是何等伟大的创造了。

最后，创造劳动的工程，是从古到今最伟大的工程。世界上没有什么创造工程比创造出劳动的工程更加伟大的工程。人类学认为，创造出劳动的生存方式，经历了从猿进化成人的约600万年的过程。在这个过程中，从人类的猿类祖先开始，一代接着一代，前赴后继、艰苦磨砺，才得以实现按照改造自然的劳动的生存方式生存，才实现了从猿到人的转变。世界上有什么创造工程比创造出劳动的工程，从猿进化成人的工程，花费的时间更长，经历的代数更多，付出的艰辛更大，意义更加伟大的创造工程呢？没有。因此，创造劳动的工程虽然是自发地自然而然地发展的，但是回过头来看这个工程，它在世界上是空前的、无可比拟的伟大的创造工程。既然如此，说人和人类社会起源于创造，就是理所当然的了。

以上分别用从猿的生存方式转变为人的生存方式、从猿进化成人、人类社会的形成、创造劳动是最伟大的创造工程四个方面来说明劳动是最伟大的创造，只是为了叙述方便。实际上，这四个方面是一体的，相辅相成的，同步发展的。

2. 劳动本身起源于创造，证明人类起源于创造

劳动也有起源。劳动是怎样起源的？劳动也是起源于创造。劳动起源于创造，进一步表明人类起源于创造。

为什么说劳动起源于创造呢？

恩格斯说：在制造出工具以前所有的谋生活动，“这一切还不是真正的劳动。劳动是从制造工具开始的。”③恩格斯的这个观点，也是人类学、考古学等相关学科学者公认的科学观点。这些学者在考古发掘出骨化石，对发掘出来的骨化石，究竟是猿骨的化石，还是人骨的化石难以判定时，他们都认为：发掘中是否伴有工具，是最有力的判据。有，则判定是人骨。反之，则判定不了是不是人骨。这就证明了他们都认为劳动是从制造工具开始的。例如：

人类的发源地在哪里？发源地是一个还是多个？ 19世纪以来，大多数西方科学家根据在非洲的考古发现，认为人类最早的发源地在非洲，现在世界各地的人的原始祖先都是从非洲走向世界各地的。但是，后来根据考古发掘出来的新资料，不少人提出了人类发源地不是唯一的，是多元的，否认全世界的人都是非洲人的后裔的新观点。我国重庆市巫山县庙宇镇龙洞考古发掘就是其中之一。其中决定性的判据就是有没有伴生工具。

1985年10月13日，中国古人类学家黄万波在重庆市巫山县庙宇镇发掘考察名叫龙洞的溶洞。他们在离龙洞不远的龙骨坡清洗收集来的化石时，发现了两个老年人的牙齿，一个是第一臼齿，一个是第四前臼齿。1986年10月24日，民工龙文才又在这里挖出一块小化石，送到重庆市自然博物馆作鉴定。杨兴隆等专家鉴定这块化石是一个少女的门齿。专家们把这两次人齿化石发现的载体人，定名为“巫山人”。1988—1996年，北京大学考古系、中国科学院地质研究所、美国爱阿华大学等五个单位的古人类学者对这些化石进行了严格的测定，认定为距今200万年前、其地质年代属新生代的第四纪中的更新世的古人类的牙齿化石。这个发现非同小可。它是继美国科家在印度尼西亚的爪哇发现了“爪哇人”、北京大学陈铁梅教授在辽宁金牛山发现了20万年前的智人化石之后，向“人类起源于非洲说”发起的第三轮冲击。美国的《科学新闻》说，过去人们对早期直立人生活在非洲以外的地方的概念是难以接受的。现在看来，巫山的这个新发现，将动摇人类演化理论。

但是，由于“巫山人”发掘出土的伴存石器工具仅有两件，有学者认为，仅凭两件石器工具还不足以充分证明“巫山人”齿的化石是古人的化石。这些化石究竟是古猿的还是古人的，还不能做出肯定的结论。为此，1997年11月，黄万波教授和北京图书馆徐自强教授率考察团再次来到“巫山人”遗址发掘考察，发现了大量的旧石器。这些石器经过著名的古人类学家贾兰波院士、著名的地质学家刘东生院士等专家鉴定，认定为和“巫山人”在同一地层里发现的石器，带有人工打击的痕迹，是古人类使用的工具，是我国已知的最早的旧石器。这就解决了“巫山人”证据不足引起的疑难，证明了“巫山人”是200万年前的会制造工具的中国古人而不是猿。这一发现，填补了我国大地只发现了800万年前的云南禄丰古猿和170万年前的元谋人、以及以后发现的大量直立人、智人化石，却没有发现距今400万年到200万年前的能人化石的空白。因而也证明了人类的发源地是多元的。这就表明，学者们判定“巫山人”究竟是猿还是人，就看他们是不是劳动。而判断他们是不是劳动，就看他们是不是制造和使用了工具。制造和使用工具在人类起源问题上的重要性由此可见。当然，尽管这个发现并未能终止人类的发源地究竟是唯一的还是多元的争论，但“劳动是从制造工具开始的”观点是学术界公认的科学的观点，是无疑的。

既然“劳动是从制造工具开始的”观点是学术界的共识，我们就可以从这个观点出发，作出下述推论：尽管我们现在无法考证人类的原始祖先制造出来的第一件工具是什么，制造出这件工具经过了多少人类的原始祖先多长时间的努力，不论他们制造出来的工具是如何原始粗糙，使用这种工具的方法是如何简单，也不论他们是否自觉意识到他们制造出的这件工具就是发明创造，只要他们破天荒地制造出了工具和有了使用这种工具的方法，使用了这种工具，使没有工具的地球第一次有了工具，使一切都是自然地产生和发展的地球，第一次打上了使用工具对自然界的改变，来支配自然界，为自己的目的服务的烙印，无论怎么说，制造出这件工具，都是最了不起的发明创造。

由此可知，我们的原始祖先的第一次劳动就是发明地球上第一件工具的劳动。发明地球上第一件工具的劳动是创造，制造地球上第一件工具的劳动就必然是创造性劳动，劳动是从创造性劳动开始的。既然如此，就可以进一步说，人类起源于创造性劳动，从而又可以进一步说，人类起源于创造。

3. 劳动的发展规律表明人类起源于创造

从劳动的产生和发展的全过程来说，自从有了第一次创造性劳动，发明了地球上的第一件工具和使用这种工具的方法后，必定显示出使用这种工具优越性，就必定吸引其同类来学习制造这种工具和使用这种工具，这样就产生了再现性劳动。从此就有了创造性劳动和再现性劳动之分。从此劳动就遵循下述的客观规律发展：古往今来，无论何时何地，总是先有创造性劳动，后有再现性劳动。总是创造性劳动决定再现性劳动的内容、形式和价值。在已有的再现性劳动的基础上，产生新的创造性劳动，又产生新的再现性劳动。如此循环往复，从简单到复杂、从低级向高级发展。创造性劳动和再现性劳动的这种关系表明，已知劳动创造了人类，那么，人类必定首先起源于创造性劳动进行的创造。人类起源于创造的结论无疑是科学的。

4. 人类的思维起源于创造创造性思维，表明人类起源于创造

有没有思维能力，是人之所以为人、区别于动物的一个根本标志。

人类的原始祖先的思维是怎样开始的？人类的第一次思维想的是什么？

已知人类起源于劳动。而劳动是从制造工具开始的。制造工具的劳动要有思维支配才能进行。我们的原始祖先制造世界上第一件工具的劳动是在他们的思维支配下进行的。制造世界上第一件工具是发明创造。发明创造世界上第一件工具的劳动自然是创造性的劳动，那么，支配我们的原始祖先进行这种创造性劳动的思维自然就必定是创造性思维。由此可知，无论我们的原始祖先的第一次思维是何等简单幼稚朦胧，他们的第一次思维是支配他们进行发明地球上第一件工具的创造性劳动的创造性思维。人类的思维是从创造性思维开始的，人类的思维起源于创造，并在创造中不断发展的。如果不是这样，而是像蜜蜂筑巢，蜘蛛结网那样，虽然巧夺天工，但不是创造性思维支配下进行创造性劳动的产物，只不过是动物的本能的行为而已。正因为如此，古今的蜜蜂筑的巢、蜘蛛结的网，是没有本质的发展变化的。如果我们的猿类祖先像蜜蜂、蜘蛛只有本能那样，他们怎么能进化成人和有我们的今天呢？人类的思维起源于创造性思维，进一步表明人类起源于创造。

一个遗憾

我们是靠创造才进化成人类的。我们是靠创造才有今天的物质和精神文明的。我们只有靠科学创造才有更加美好的明天。人类起源于创造，是马克思主义科学创造观的关于人类起源的基本观点。如果我们用这个观点武装起来，对提高人们的创新意识，解放创造力，建设创新型国家，无疑是增添了历史的、理论的依据和强大的动力。可是，现在有很多人似乎把我们的原始祖先是靠创造起家这点忘记了，似乎把我们享受的一切物质文明和精神文明都是前人和他人的创造成果这点忘记了。他们似乎把我们只有靠科学创造才有更加美好的明天这点也忘记了。他们似乎只知道尽量多地攒物质财富留给自己的子孙后代，忘记了自己应当像前辈创新者那样，有所创造，为丰富和提高人类的物质文明和精神文明、为社会进步作贡献；他们似乎还忘记了，应当鼓励他人后人勇于创造，学会创造。作为人，把这么重要的事情都忘了，这岂不是科学创造观的缺失？岂不是人生遗憾？

第二个问题　马克思恩格斯的创造历史的科学创造观
——新生产力的获得，是从旧的社会制度发展为
新的社会制度的起点和最终的决定的因素

20世70年代末，中国结束了“文化大革命”，继而进行有中国特色的社会建设；90年代初，以苏联为首的社会主义阵营解体，宣告经历数十年，搞得轰轰烈烈，取得几乎占有半个地球的胜利的“现代社会主义”革命，最终归于失败。于是一场探讨这个革命失败原因的热潮，在共产党内，在全世界的政界、理论界、史学界悄然兴起，至今未已。他们对这个革命失败的原因，提出了很多有

益的见解，例如，共产党掌权后，没有彻底肃清封建专制思想，封建专制泛滥；缺少经济建设和管理经验；有些掌权者贪污腐败，蜕变成官僚贵族阶层；不能正确处理党内不同政见的斗争，乱整和滥杀不同政见的人等。窃以为，这些见解虽有一定道理，但都是表面现象，没有抓住根本，从理论上实践上说清“现代社会主义”革命终归失败的原因。那么，“现代社会主义”革命归于失败的根本原因是什么呢？这是一个在什么历史条件下才能进行推翻旧的社会制度、建立新的社会制度的社会革命的理论和实践的问题。“现代社会主义”就是这个理论和实践的问题没有搞清楚，使它在指导思想的理论基础上就是错误的。这个错误的指导思想的理论基础，决定了“现代社会主义”革命，不能不归于失败。分析马克思恩格斯的下述两个互相矛盾的观点孰对孰错，就能得到证明：

第一个观点是马克思在1847年上半年写的《政治经济学的形而上学》“第一节方法”“第二个说明”中说的：“随着新生产力的获得，人们改变自己的生产方式，随着生产方式即保证自己生活的方式的改变，人们也就会改变自己的一切社会关系。手推磨产生的是封建主为首的社会，蒸汽磨产生的是工业资本家为首的社会。”这个观点讲的就是只有人类在获得了新生产力的前提条件下，才能进行推翻旧的社会制度，建立新的社会制度的社会革命，并取得胜利的问题。或者说这个观点讲的就是从旧的社会制度发展为新的社会制度的社会发展基本规律或线路图。这个社会发展基本规律是唯物史观的基础，是历史唯物主义的基本理论，反映了马克思主义的科学地创造历史的创造观。离开这个社会发展基本规律和线路图，就不能正确认识人类和人类社会的发展历史，就不可能在社会科学领域获得科学的创新成果，特别是离开这个社会发展基本规律去“创造历史”，进行推翻旧的社会制度、建立新的社会制度的社会革命，就必定走上历史唯心主义的错误道路，给人们带来灾难。恩格斯是赞同这个观点的，并曾经多次以不同的方式，强调这个社会发展基本规律是历史唯物主义最重要、最根本的革命理论。

第二个观点是恩格斯在1880年1—3月写的《社会主义从空想到科学的发展》这篇文章的开头就直截了当地说的："现代社会主义，就其内容来说，首先是对统治于现代社会中的有产者和无产者之间、资本家和雇佣工人之间的阶级对立和统治于生产中的无政府状态这两方面进行考察的结果。"（作者理解，"统治于生产中的无政府状态"，恩格斯是指：对工厂企业来说，其生产是有组织、有计划的，对整个社会来说，生产是无组织、无计划的，因而是无政府状态的。这种不同必定成为资本主义社会无法解决的矛盾。）这个观点认为，资本主义社会存在"统治于现代社会中的有产者和无产者之间、资本家和雇佣工人之间的阶级对立和统治于生产中的无政府状态"两个矛盾，这两个矛盾不解决，社会就不能发展，工人阶级和劳动人民就不能从压迫剥削中解放出来。要解决这两个矛盾，就必须进行现代社会主义革命，推翻资本主义制度，建立现代社会主义制度。这个理论观点成了现代社会主义革命的指导思想的理论基础。马克思曾经是赞同这个理论观点的，并多次以不同的方式，强调它是历史唯物主义最重要的革命理论。

不论马克思恩格斯自己是否意识到，他们的这两个观点是互相矛盾的、不可并存的。矛盾在：他们的第一个观点说，一切推翻旧的旧的社会制度，建立新的社会制度的社会革命，都必须以获得新生产力为前提，都必须遵循"随着新生产力的获得，人们改变自己的生产方式，随着生产方式即保证自己生活的方式的改变，人们也就会改变自己的一切社会关系"的社会发展基本规律。毫无疑问，推翻资本主义社会制度，建立社会主义社会制度的现代社会主义社会的革命，是推翻旧的社会制度，建立新的社会制度的社会革命。不仅如此，它还被许多马克思主义权威称之为最彻底的变革社会制度的社会革命。既然如此，这种革命，当然不能例外，更是必须以获得新生产力为前提，遵循马克思的这个社会发展基本规律。可是，他们的第二个观点却说，进行推翻资本主义社会，建立社会主义社会的现代社会主义社会革命，无须获得新生产力，无须遵循马克思说的这个社会发展基本规律，只需解决资本主义社会存在的“统治于现代社会中的有产者和无产者之间、资本家和雇佣工人之间的阶级对立和统治于生产中的无政府状态”两个矛盾，就必定能够胜利。这样，进行推翻资本主义社会，建立社会主义社会的现代社会主义社会革命，在要不要获得新生产力、要不要遵循社会发展基本规律的问题上，马克思恩格斯自己和自己打起架来了。

于是，他们的这两个互相矛盾的观点就产生了一个问题：这两个观点，究竟哪一个是历史唯物主义的普遍真理呢？这是一个想做彻底的历史唯物主义的马克思主义革命者必须搞清楚的问题，特别是一个想搞推翻旧的社会制度、建立新的社会制度的社会革命家必须首先要搞清楚的问题。因为这个问题不搞清楚，就不能科学地创造历史，就必定犯历史唯心主义的路线错误，迟滞社会发展进程，给人民群众带来灾难。

下面从七个方面来探讨这两个观点的是与非：1. 新生产力的获得，是推翻旧的社会制度，建立新的社会制度的社会革命的起点和最终的决定的因素。2. 生产工具和技术的发明创造是每一种社会制度发展最终的决定的因素。3. 历史唯物主义著作对社会发展基本规律的表述存在片面性和错误。4. 现代社会主义仍然是空想。5. 中国特色社会主义实现了社会主义从空想到科学的发展。6. 世界新科学技术革命使人类获得了新生产力。7. 和谐社会和谐世界是当代新生产力和社会发展基本规律的要求。

第一个方面　新生产力的获得，是推翻旧的社会制度，建立新的社会制度的社会革命的起点和最终的决定的因素

一、社会发展有两种情况。

人类社会的发展有两种情况：第一种情况是推翻旧的社会制度，建立新的社会制度的社会革命。这种社会发展，就是要消灭旧的生产方式和与此生产方式相适应的社会关系和上层建筑，建立新的生产方式和与此生产方式相适应的社会关系和上层建筑，如从原始社会发展为奴隶社会，从奴隶社会发展为封建社会，从封建社会发展为资本主义社会……。第二种情况是每一种社会制度的发展。即生产方式和与此生产方式相适应的社会关系、上层建筑本质不变的情况下的社会发展。如封建社会的发展，资本主义社会的发展……

二、能获得新生产力的生产工具和技术的发明创造，是推翻旧的社会制度，建立新的社会制度的社会革命的起点和最终的决定的因素。

马克思说：“随着新生产力的获得，人们改变自己的生产方式，随着生产方式即保证自己生活的方式的改变，人们也就会改变自己的一切社会关系。手推磨产生的是封建主为首的社会，蒸汽磨产生的是工业资本家为首的社会。”这个社会基本规律告诉人们，人类只要是获得了“手推磨”、“蒸汽磨”这样的能形成新生产力的生产工具和技术，消灭旧的生产方式及与此生产方式相适应的社会关系和上层建筑，建立新的生产方式及与此生产方式相适应的社会关系和上层建筑，即消灭旧的社会制度，建立新的社会制度的社

会革命的产生和胜利，就是必然的、无可阻挡的。历史上一切推翻旧的社会制度，建立新的社会制度的社会革命，都是不同历史时期获得了相应的新生产力的结果。例如，“手推磨产生的是封建主为首的社会”，表明获得了“手推磨”这样的新的生产工具和技术，即获得了这样的新生产力，就必定要消灭在社会生产中占主导地位的奴隶社会的生产方式和与此生产方式相适应的社会关系和上层建筑，即消灭奴隶社会制度；产生封建社会的生产方式和与此生产方式相适应的社会关系和上层建筑，并在社会生产中占主导地位，即产生封建主为首的社会制度，而不能产生别的社会。又如“蒸汽磨产生的是工业资本家为首的社会”，表明获得了“蒸汽磨”这样的新生产力，就必定要消灭在社会生产中占主导地位的封建社会的生产方式和与此生产方式相适应的社会关系和上层建筑，即消灭封建社会；产生资本主义的生产方式和与此生产方式相适应的社会关系和上层建筑，并在社会生产中占主导地位，即产生工业资本家为首的社会，而不能产生别的社会。如果没有获得这种新生产力，如果不按照这个社会发展基本规律指出的线路图走，则这种社会革命的产生和胜利，都是不可能的。即便是去搞什么这种社会革命，甚至在一段时间里这种社会革命还获得了伟大的胜利，搞出什么新的“生产方式”和“社会关系”，也会因为没有获得新生产力而没有物质基础、社会基础和动力，违背社会发展基本规律，不适合现有的生产力状况，最终都要归于失败。

三、从旧的社会制度发展为新的社会制度，为什么必定是以能获得新生产力的科学技术发明创造为起点和最终的决定的因素，遵循这个社会发展基本规律？分四点来说明：

第一点 什么是新生产力的获得？

这是每一个想正确地把握社会发展基本规律，科学认识新旧社会制度更替的社会发展历史，科学把握新旧社会制度更替的社会发展契机，进行推翻旧的社会制度，建立新的社会制度社会革命的革命者，首先必须搞清楚的最重要的、最根本的问题。

一般地说，一切新的生产工具和技术用于生产，都能形成一定的新生产力，在一定的范围内，对生产和经济社会的发展，起或大或小的积极作用。但是，马克思在这个社会发展基本规律中所讲的新生产力，不是这种一般意义上的新的生产工具和技术用于生产所形成的新生产力，而是有其特殊含义和作用的新生产力。这种特殊的含义和作用是什么？从马克思在这个社会发展基本规律中用形象比喻方法说的“手推磨”和“蒸汽磨”中，可以领悟到。主要有以下三个特点：

（1）“新生产力的获得”就是获得了具有这样的优越性的新的生产工具和技术：用这种新的生产工具和技术进行生产所形成的新生产力，具有大大提高社会劳动生产率，使社会生产和经济的发展发生飞跃，使人类获得更多、更好、更丰富多彩的物质生产资料和生活资料的巨大的优越性。正是因为这种新的生产工具和技术进行生产所形成的新生产力有这种优越性，进行推翻旧的社会制度、建立新的社会制度的社会革命，就有了坚实的物质基础、广泛的社会基础和强大的动力，使这种社会革命的产生和必胜，成了没有任何力量能够阻挡和抗拒得了的客观规律。

（2）用获得的能形成新生产力的新的生产工具和技术进行生产，必然导致生产力革命的产生和必胜。由于这种新生产力有这样巨大的优越性，人们必定使用这些新的生产工具和技术进行生产，形成新生产力。用这种新的生产工具和技术进行生产，就必定要改变原来的生产方式，建立能发挥这些新的生产工具和技术优越性的新的生产方式，实现它的优越性，使它在社会生产中居主导地位；

同时，人们又必定把原有的、落后的生产工具和技术，及用这种生产工具和技术进行生产所形成的落后的生产方式，从社会生产中的主导地位上淘汰出去。这就是生产力革命。这就使这种生产力革命的产生和必胜，有坚实的物质基础、广泛的社会基础和强大的动力，成为没有任何力量能够阻挡和抗拒得了的客观规律。

（3）生产力革命的产生和必胜，又必定导致社会革命的产生和必胜。这是因为任何社会生产，总是在一定的生产方式和生产关系（社会关系）中进行的。人们获得新生产力后，就必定发生以下矛盾：一方面是获得了具有上述优越性的新的生产工具和技术进行生产所形成的新生产力后，人们就一定会战胜任何阻挡和抗拒，使用这种新生产力进行生产，形成新的生产方式，实现新生产力的优越性，使它在社会生产中占主导地位；另一方面是适合原有的在社会生产中占主导地位的落后的生产力及其与此生产力相适应的落后的生产方式、社会关系和上层建筑，必定不适合新生产力状况，阻挡和破坏新生产力的发展和优越性的发挥。在这种情况下，人们为了实现新生产力的优越性，又必然要进行消灭原有的、在社会生产中占主导地位的、落后的生产方式，及其与此生产方式相适应的社会关系和上层建筑，同时根据新生产力的发展及发挥其优越性的需要和要求，建立适合新生产力发展和优越性的发挥的新的生产方式及其与此生产方式相适应的社会关系和上层建筑，并在社会生产中占统治地位。这就是进行推翻旧的社会制度，建立新的社会制度的社会革命。这就表明，新生产力的获得，不仅是生产力革命的产生和必胜的坚实的物质基础、广泛的社会基础和强大的动力，而且同时也是这种社会革命的产生和必胜的坚实的物质基础、广泛的社会基础和强大的动力，使这种社会革命的产生和必胜，成了没有任何力量能够阻挡和抗拒得了的客观规律。

点和产生工业家为首的资本主义社会制度的最终的决定的因素呢？

首先，获得了以蒸汽机、机器等生产工具和技术为代表的新生产力，必定带来生产力革命的产生和必胜。因为用获得的以蒸汽机、机器等生产工具和技术为代表的新生产力进行生产，同“手推磨”为代表的生产力进行生产相比，有无比巨大的优越性。主要表现在它能大大地提高劳动生产率，使社会生产和经济的发展发生飞跃，使人类获得更多、更好、更丰富多彩的物质生产资料和生活资料。因此，使用这种新生产力进行生产，除了顽固的封建社会的既得利益者反对外，正是广大群众都热切追求的。即：一方面，人们必定广泛使用获得的以蒸汽机、机器等生产工具和技术为代表的新生产力进行生产，使它在社会生产中占主导地位，实现它的优越性。这是没有任何人、任何力量能够阻挡和抗拒得了的事情。另一方面，同时人们又必定抛弃原来在社会生产中占主导地位的封建社会的小生产方式及其使用的生产工具，把它们从社会生产中的主导地位上淘汰出去。这就使这种生产力革命的产生和必胜，有了坚实的物质基础、广泛的社会基础和强大的动力，成为没有任何人、任何力量能够阻挡和抗拒得了的事情。

其次，上述生产力革命的必然产生和胜利，又必导致资产阶级革命的产生和胜利，导致封建社会的灭亡，工业资本家为首的资本主义社会的诞生。分两步来说：

第一步，既然用以蒸汽机、机器等生产工具和技术为代表的新生产力进行生产有如此巨大的优越性，就使生产力革命有坚实的物质基础、广泛的社会基础和强大的动力，是没有任何力量能够阻挡和抗拒得了的。而用蒸汽机、机器等生产工具和技术为代表的新生产力进行生产，是不可能像封建社会的农民以一家一户为单位，向地主租地种的小生产方式那样，从企业主那里租佃蒸汽机、机器等生产工具和劳动对象，拿回家去，不定点定时，没有操作规程，没有质量要求那样去搞生产的。这就只有如马克思说的“随着新生产力的获得，人们改变自己的生产方式”，即抛弃旧的封建社会的小生产方式，建立新的资本主义的生产方式。

那么，人们根据什么来建立新的资本主义的生产方式呢？建立什么样的新的资本主义的生产方式呢？就是要也只能是根据有利于使用蒸汽机、机器等生产工具和技术为代表的新生产力进行生产和有利于发挥其优越性的需要和要求来建立。这种需要和要求是什么？简单地说，就是要实行工厂企业的专业化、社会化生产。这种生产，要求劳动者必须按照工厂统一的规定，同时到工厂车间上班；根据一定的生产技术、操作规程和质量要求，按一定的生产工序流程，互相分工，相互协作去进行生产，到一定时间又同时下班。这就是用蒸汽机、机器等生产工具和技术为代表的新生产力进行生产要求建立的新的生产方式，即资本主义生产方式。由此可见，资本主义生产方式的建立，是人们根据有利于用蒸汽机、机器等生产工具和技术为代表的新生产力进行生产、及发挥其优越性的需要和要求构建出来的，不是哪个人凭空想出来的。也由此可见，资本主义生产方式的出现，小生产方式的灭亡，只不过是反映了用以蒸汽机、机器等生产工具和技术为代表的新生产力进行生产、及发挥其优越性的需要和要求而已。因而是没有任何力量能够阻挡和抗拒得了的。

第二步，既然用获得的蒸汽机、机器等生产工具和技术为代表的新生产力进行生产，就必定要按照资本主义生产方式来生产；而按照资本主义生产方式来生产，原来的与封建社会小生产方式相适应的社会关系和上层建筑，就必定不适合资本主义生产方式，这就只有如马克思说的“随着生产方式即保证自己生活的方式的改变，人们也就会改变自己的一切社会关系”，即消灭封建的社会关系和上层建筑，建立新的适合资本主义生产方式的社会关系和上层建筑。人们根据什么来建立新的适合资本主义生产方式的社会关系和上层建筑呢？总的来说，就是要也只能是按照使用获得的蒸汽机、机器等生产工具和技术为代表的新生产力进行生产和发挥其优越性的需要和要求，即按照用资本主义生产方式生产的需要和要求，来建立新的社会关系和上层建筑。资本主义生产方式需要和要求建立什么样的新的社会关系和上层建筑呢？不妨用反面提问题的方法来寻求对这个问题的理解：

（1）使用获得的以蒸汽机、机器等生产工具和技术为代表的新生产力进行生产，难道可以不是工厂企业的专业化、社会化生产吗？难道可以像一家一户的农民自己想种什么就种什么，用犁、锄等那样搞生产吗？

（2）工厂企业的专业化、社会化生产，东家难道可以是地主，而不是企业老板、资本家吗？生产劳动者难道可以是农民，而不是工人吗？

（3）用机器等工具和技术进行专业化和社会化的生产，生产出来的是大批量的同一品种的产品。这种生产，难道老板可以像地主和佃农那样，实行地租式的实物分成，而不是老板用钱去雇佣工人，实行计时或计件工资吗？

（4）这种生产，老板难道可以像地主收租，把收来的粮食放在家里的粮仓里，自己慢慢享用那样，把生产出来的大批量的同一品种的产品，放在仓库里，自己慢慢享用吗？难道工人可以像佃农把交租后剩下的粮食放在自家的粮囤里，做一年果腹之用那样，也从老板那里分得产品，放在自己家里囤起来，做一年果腹之用吗？

（5）这种生产，难道老板能够不把生产出来的产品作为商品，拿到市场上去交易，变成货币，然后到市场上去买自己的生活和再生产之需吗？难道工人可以不依靠出卖劳动力去挣来工资，然后用挣来工资去市场买生活用品，解决生活和继续出卖劳动力的必需吗？

（6）这种生产，难道能够像封建社会那样，没有发达的商品、货币、资本、市场流通体系，只为自己生产，自我封闭吗？这种生产，难道能够不实行开放的市场经济，把一切社会关系变成买卖关系吗？

像上述类似的用获得的蒸汽机、机器等生产工具和技术为代表的新生产力进行生产，必然导致封建社会的小生产方式、社会关系和上层建筑的灭亡，资本主义的生产方式、社会关系和上层建筑的产生的事例，还可以列举很多。

通过上述反问可以知道，适合用获得的蒸汽机、机器等生产工具和技术为代表的新生产力进行生产的、能发挥其优越性的需要和要求的生产方式、社会关系和上层建筑，必定是以资本为经济运行主体的市场经济，实行雇佣劳动制度的专业化社会化生产，及其与此生产方式相适应的社会关系和上层建筑。“蒸汽磨”就是这样驱使人们改变自己的小生产方式和一切社会关系，“产生了工业资本家为首的社会”。这就表明，资本主义社会的产生和发展，不是哪个人凭空想出来的，而是人们根据获得的以蒸汽机、机器等生产工具和技术为代表的新生产力进行生产、及发挥其优越性的要求构建出来的。资本主义的生产方式、社会关系和上层建筑的出现，只不过是反映了这种新生产力的要求而已。因此，资产阶级革命和资本主义社会制度的产生和必胜，是无可抗拒、阻挡的。

其他的这种社会发展，也可以作类似的分析，得到相同的结论。这就充分证明，无论何人，要想创造历史，搞推翻旧的社会制度，建立新的社会制度的社会革命，就非遵循马克思揭示的“随着新生产力的获得，人们改变自己的生产方式，随着生产方式即保证自己生活的方式的改变，人们也就会改变自己的一切社会关系”的社会发展基本规律不可。能获得新生产力的生产工具和技术的发明创造，是推翻旧的社会制度，建立新的社会制度的起点和最终的决定因素。这就是马克思主义的科学的历史观，同时也是马克思主义的科学地创造历史的科学创造观。只有这种历史观和科学地创造历史的科学创造观，才是真正的历史唯物主义，否则就是历史唯心主义。

第四点 马克思恩格斯对社会发展基本规律和创造历史的科学创造观的论证：

马克思把我国的三大发明作为预告封建社会必然灭亡和资本主义社会必然兴起的信号。他说：“火药、指南针、印刷术——这是预告资产阶级社会到来的三大发明。火药把骑士阶层炸得粉碎，指南针打开了世界市场并建立了殖民地，而印刷术则变成新教的工具，总的来说变成科学复兴的手段，变成对精神发展创造必要前提的最强大的杠杆。”⑤恩格斯也说：“……火药和火器的采用绝不是一种暴力行为，而是一种工业的，也就是经济的进步。不管工业是以生产什么东西或破坏什么东西为目的，工业总还是工业。火器的采用不仅对作战方法本身，而且对统治和奴役的政治关系起了变革的作用。”⑥

说到以蒸汽机、机器等为代表的新生力的获得，马克思就不是预告了。他说，“随着一旦已经发生的、表现为工艺革命的生产力革命，还实现着生产关系的革命。”⑦“机器的发展则是使生产方式和生产关系革命化的因素之一。”⑧“机器表现为从资本主义生产方式出发的、使一般生产方式发生革命的起点。”⑨

资产阶级革命到来时，那些不甘心退出历史舞台的封建社会的卫士们，对代表蒸汽机、机器等新生产力的资产阶级革命家进行攻击，说巴尔贝斯等资产阶级革命家是人为地制造反对封建主义的资产阶级革命的危险人物。马克思看到这种攻击时，正是根据他的这一历史唯物主义的理论，对封建卫士的这种攻击反击道："这个社会革命并不是1848年发明出来的新东西。蒸汽、电力和自动纺机甚至是比巴尔贝斯、拉斯拜尔和布朗基诸位公民更危险万分的革命家。"⑩

马克思曾把这种科学地创造历史的科学创造观，向他的好友威廉•李卜克内西明确表示过。李卜克内西回忆马克思在1850年的一天，以欢欣鼓舞的心情同他谈电学中的新进展的意义时说："马克思嘲笑欧洲得胜的反动势力，他们幻想革命已被窒息，而没有想到自然科学正准备一场新的革命。蒸汽大王在前一个世纪中翻转了整个世界，现在它的统治已到末日，另外一种更大无比的革命力量——电力的火花将取而代之。"⑪到19世纪70年代，在以电机和内燃机为标志的第二次工业革命到来时，马克思还说："现在问题已经解决了，这件事的后果是不可估计的。经济革命之后一定要跟着政治革命，因为后者是前者的表现而已。"⑫在这里，马克思是把电力的火花（电学和用电技术）和内燃机的发明，视为在获得以蒸汽机为代表的新生产力后，又获得的新一代的新生产力的，并预言获得的这种新生产力，在"蒸汽大王在前一个世纪中翻转了整个世界"之后，要再次翻转整个世界。

马克思一生对人类作出的伟大贡献可歌可颂之处不可胜数。然而，恩格斯特别重视马克思的科学地创造历史的科学创造观，即特别重视科学技术的发明创造是获得新生产力的唯一途径，新生产力的获得是从旧的社会制度发展为新的社会制度的社会发展的起点和最终的决定的因素这种立场、观点和态度。这种重视，从恩格斯在马克思逝世后为马克思致的悼词中看得出来。在悼词中，恩格斯首先说了马克思发现了人类历史发展规律及其意义；其次又说了马克思发现了资本主义社会特殊的运动规律及其意义。他对马克思的这两个伟大贡献作了这样的评论：马克思的“一生中能有这样两个发现，该是很够了。甚至只要能作出这样一个发现，也已经是很幸福的了。”接着还说，马克思不仅作出了这样两个发现，他还对很多领域作过研究。而且他所研究过的领域，“都有独到的发现”，“都不是肤浅地研究的”，“这位科学巨匠就是这样。”说到这里，恩格斯的话锋一转，强调说：“但是这在他身上远不是主要的。在马克思看来，科学是一种在历史上起推动作用的、革命的力量。任何一门理论科学中的每一个新发现，即使它的实际应用甚至还无法预见，都使马克思感到衷心喜悦，但是当有了立即会对工业、对一般历史发展产生革命影响的发现的时候，他的喜悦就完全不同了。”⑬恩格斯就是这样高度评价马克思对科学技术发明创造在获得新生产力中、在社会发展中的作用的立场、观点、态度，就是这样高度评价马克思的科学地创造历史的创造观。恩格斯认为，马克思的这个贡献，是比马克思的其他伟大贡献更为主要、更为伟大的贡献，是马克思对人类作出的顶级贡献。难怪恩格斯在悼词草稿中发出了这样的赞叹：“没有一个人能像马克思那样，对任何领域的每个科学成就，不管它是否已实际应用，都感到真正的喜悦。但是，他把科学首先看成是历史的有力的杠杆，看成是最高意义上的革命力量。”⑭

通过以上的探讨，只要是真正的马克思主义的彻底的唯物主义者，谁还能对“随着新生产力的获得，人们改变自己的生产方式，随着生产方式即保证自己生活的方式的改变，人们也就会改变自己的一切社会关系” 的社会发展基本规律、对生产工具和技术的发明创造是获得新生产力的唯一途径、对能获得新生产力的生产工具和技术的发明创造，是从旧的社会制度发展为新的社会制度的起点和最终的决定的因素等历史唯物主义普遍真理存疑呢！谁还能对马克思的创造历史的科学创造观存疑呢！正因为如此，马克思告诉我们要这样来识别和把握人类社会发展的历史："各种经济时代的区别，不在于生产什么，而在于怎样生产，用什么劳动资料生产。劳动资料不仅是劳动者发展的测量器，而且是劳动者借以进行的社会关系的指示器。"⑮全部人类社会发展的历史证明，只有正确理解和把握了马克思恩格斯的这个社会发展基本规律，只有树立了马克思恩格斯的创造历史的科学创造观，才是真正彻底的历史唯物主义者，才能不犯历史唯心主义的错误，正确把握进行消灭旧的社会制度，建立新的社会制度的社会革命的契机和航向，真正正确地创造历史。

第二个方面　生产工具和技术的发明创造是每一种社会发展最终的决定的因素。

如果发明创造出来的生产工具和技术所形成的新生产力，不会产生生产力革命，就不会提出变革生产方式和社会关系的要求，产生社会革命，这种新生产力，就不是马克思在社会发展基本规律中说的这种新生产力。这种新生产力，虽不像马克思在社会发展基本规律中说的新生产力那样，有那么大优越性，但是，使用它进行生产，在相关领域有其优越性，有的甚至有广泛巨大的优越性，因此人们必定用它进行生产。在用它进行生产时，也会同相关领域的生产方式和规章体制发生矛盾，妨害其优越性的发挥。这时，为了发挥这种新生产力的优越性，就要对相关领域已有的生产方式、规章体制进行改革。怎样进行改革，同样不是随心所欲的，只能根据发挥这种新生产力的优越性的需要和要求来进行改革。这种改革虽然不会导致现存的社会制度发生质的变化，但这种发明创造出来的新生产力的积累，能促该社会的生产和经济从低级阶段向更高的阶段发展，从而推动该社会制度从低级阶段向更高的阶段发展。例如，“蒸汽磨”产生了工业资本家为首的社会后，先后产生了电学、用电技术、内燃机等发明所形成的新生产力，就没有提出改变资本主义生产方式和社会关系的要求，即没有提出改变资本主义社会制度的要求，但电学、用电技术、内燃机等发明所形成的新生产力，推动着资本主义社会向高级阶段发展。这就表明，每种社会发展的道路，最终也是发明创造出来的以生产工具为主的劳动资料所形成的新生产力规定的。

但是，也不能说该社会的生产力是该社会发展最终的决定的因素。

因为还有决定生产力发展的因素。决定生产力发展的因素，更加有理由是这种社会发展最终的决定的因素。

决定生产力发展的因素是什么呢？是生产力诸要素的发展。有哪些生产力要素呢？①劳动对象；②以生产工具为主的劳动资料；③从事生产劳动的劳动者等基本要素。现在人们已把科学技术、生产管理体制等作为生产力的基本要素。是什么决定生产力诸要素的发展呢？是发明创造。无论在哪种社会里，不仅已有的生产力诸要素都是人们发明创造出来的，而且每种产生力要素的发展，无不依赖于发明创造。

首先，看劳动对象。劳动对象包括两大类：第一类是已纳入生产过程的自然界的现成的物质资料。在自然界众多的物质资料中，哪些物质资料能够纳入生产过程成为劳动对象，在开始的时候，要靠人们发现它们的有用性能和发明利用它们的方法和技术。这就表明，一切已纳入生产过程的劳动对象都是人类发明创造的结果。第二类是经过人加工过的物质资料。这种物质资料不仅本身就是人的创造物，而且它们之所以能够再次成为劳动对象，也是人们发现它们的新的有用性能和发明利用它们的新方法、新技术的结果。此外，自然界是可能的劳动对象的总和，还有众多的现成的物质资料没有纳入生产过程成为劳动对象。这些物质资料要成为劳动对象，更有待于人们去发现它们的有用性能和发明利用它们的方法和技术。总之，没有发明创造，自然界的物质资料，就不能变成劳动对象；经过人类加工过的物质资料，就不能再次变成劳动对象。

其次，看劳动资料。劳动资料是以生产工具为主的、在劳动中用以改变或影响劳动对象的物质资料或物质条件。一切劳动资料都是发明创造出来的，没有发明创造，就不会有任何劳动资料。特别是生产工具，是生产力水平的标志，决定着生产力的性质。因此，要想把生产力提高到新的水平，就要有能够提高生产力水平的生产工具和技术的发明创造；要想获得新生产力，使生产力的发展发生质的飞跃，就要有要求并足以变革在社会生产中居主导统治地位的生产方式和社会关系的能形成新生产力的生产工具和技术的发明创造。

再次，看劳动者。劳动者是生产力的主体。社会发展史表明，其主体地位不仅表现为驾驭劳动资料和劳动对象实现生产，体现出生产力的水平和性质的劳动者，而且更应当成为能够提高生产力水平的一切现有的劳动资料和劳动对象的创新者，驾驭劳动资料方法的革新者，管理方法和体制的创新者，甚至是能形成新生力的、要求变革生产方式和社会关系的生产工具和技术的发明创造者。

再其次，看科学技术。马克思说：“生产力里面也包括科学在内”。邓小平进一步指出，“科学技术是第一生产力。”科学的生命在于创新。已有的科学技术是前人的发现发明成果。科学技术的发展，依赖人们做出新的发现发明。

最后，看管理和体制。如果说生产力里面也包括管理和体制，那么，任何一种管理方式和体制，在开始的时候，都是人们根据生产的需要、特别是生产工具和技术、产品质量和市场的需要创造出来的；任何一次管理方式和体制的革新，都是人们根据上述需要，在管理和体制上作出创新的结果。

由此可见，每种社会的生产力及其发展，只是每种社会及其发展的决定的因素，但不是每种社会及其发展最终的决定的因素。生产力诸要素、特别是生产工具和技术的发明创造，更加有理由是每一种社会发展最终的决定的因素。从这个意义来说，每种社会发展最终的决定的因素，仍然是以生产工具为主的劳动资料的发明创造。

通过以上探讨，我们可以看到，马克思主义的唯物辩证法，是最好的最基本的科学创造观和进行科学技术发明创造的科学哲学；马克思主义的历史唯物主义，是最好的、最基本的科学创造观和科学地创造历史的哲学。我们要树立科学的创造观，就是要学习马克思恩格斯的唯物辩证法和历史唯物主义哲学，用他们那样的立场、观点、方法，来对待科学技术的发明创造，来对待历史的创造。这样，我们就能更加深刻了解深入贯彻科学发展观、建设创新型国家、大力提高自主创新能力的重要意义，就能更加深刻了解到解放创造力是时代赋予我们的伟大历史使命。

宣传辩证唯物主义是科学创造观和创造的哲学的重要意义还在于：它不仅能使人看到创造有法可循，破除创造的神秘感，而且能打破人们对辩证唯物主义哲学的神秘感，使人看到它还有这么重要这么多的实际用处，使本来源自人们实践的辩证唯物主义哲学，回到人们的实践中去，转化成人们的认识世界和改造世界的锐利武器，转化成人们的创造力。

第三个方面　历史唯物主义著作对社会发展基本规律表述的片面性和错误

在人们撰写的历史唯物主义著作中，对人类社会发展基本规律的表述，一般为："生产关系必须适合生产力状况，上层建筑必须适合经济基础状况。其中生产力是最活跃最革命的因素。"毫无疑问，这些表述是正确的。但是，仅仅这样说，就有片面性了。有的历史唯物主义著作，在"生产力是最活跃最革命的因素"之后，还加了一句"生产力是社会发展最终的决定的因素"，就是错误的了。

为什么这样说呢？如前所说，社会的发展有两种情况：一种情况是，在一定的生产力性质和水平，形成了一定的社会制度的情况下的社会发展，如原始社会、奴隶社会、封建社会……，其中的每一种社会制度的发展。这种社会发展的基本规律，用生产关系必须适合生产力状况，上层建筑必须适合经济基础状况来表述就够了。但问题是，社会的发展还有另一种情况，即从旧的社会制度发展为新的社会制度的社会发展。如从原始社会发展为奴隶社会，从奴隶社会发展为封建社会，……。这种社会发展是社会发展的飞跃，是比一种社会制度内的发展更为重要的社会发展。如前所述，这种社会发展是遵循马克思说的"随着新生产力的获得，人们改变自己的生产方式，随着生产方式即保证自己生活的方式的改变，人们也就会改变自己的一切社会关系" 的社会发展基本规律的。它告诉人们，人类一旦获得了新生产力，人们必定根据获得的新生产力的发展和发挥其优越性的需要和要求，改变自己的生产方式，进而改变自己的一切社会关系。即消灭旧的社会制度、建立新的社会制度的社会革命就必然产生和胜利。因而新生产力的获得，是这种社会革命产生和胜利的前提和必要条件，是这种社会发展的起点和最终的决定的因素。由此可见，历史唯物主义著作仅仅用“生产关系必须适合生产力状况，上层建筑必须适合经济基础状况”来表述从旧的社会制度发展为新的社会制度的社会发展基本规律，就不能反映新生产力的获得，在从旧的社会制度发展为新的社会制度中的起点和最终的决定的因素的地位和作用；就包括不了、也不符合马克思说的消灭旧的社会制度、建立新的社会制度的社会发展基本规律，因此，它是片面的；也因此，把生产力作为社会发展的最终的决定的因素是错误的。这就表明，马克思说的这个社会发展的基本规律是比“生产关系必须适合生产力状况，上层建筑必须适合经济基础状况”层次更深的、更为根本、更为重要的社会发展的基本规律。

用具有这种片面性和错误的历史唯物主义著作指导实践，后果是十分严重的：首先，它妨碍人们深刻正确认识人类社会发展历史，使人们不能正确认识从旧的社会制度发展为新的社会制度的根本原因。例如，对原始社会发展为奴隶社会，奴隶社会发展为封建社会……的理解，对从旧的社会制度发展为新的社会制度的理解，仅限于从“生产关系必须适合生产力状况，上层建筑必须适合经济基础状况”上来认识，就不能深刻正确认识和科学阐明这种社会发展历史的根本原因。其次，具有这种片面性和错误的历史唯物主义著作，使人们不知道什么是新生产力，不知道什么是新生产力的获得；不知道新生产力的获得，决定生产力革命的内容和形式，进而决定社会革命的内容和形式；更不能懂得新生产力的获得，是从旧的社会制度发展为新的社会制度的起点和最终的决定的因素，用一句话来说，就是不知道“随着新生产力的获得，人们改变自己的生产方式，随着生产方式即保证自己生活的方式的改变，人们也就会改变自己的一切社会关系”的社会发展基本规律。这些道理不知道或不懂得，就会在从旧的社会制度发展为新的社会制度的社会革命问题上，失去新生产力的获得这个必要前提和条件的制约，加上错误地把生产力作为社会发展的最终的决定的因素，就留下了产生主观随意性的空间，使人陷入历史唯心主义。因为只要有人类社会存在，就有一定的生产力。既然“生产力是社会发展的最终的决定的因素”，就可以据此生产力任意构想进行推翻旧的社会制度，建立新的社会制度的“社会革命”了。这种历史唯心主义最典型的实例，就是进行推翻资本主义社会制度，建立现代社会主义社会制度的现代社会主义革命。

第四个方面　现代社会主义仍然是空想

（1）什么是现代社会主义？

就是以“现代社会主义，就其内容来说，首先是对统治于现代社会中的有产者和无产者之间、资本家和雇佣工人之间的阶级对立和统治于生产中的无政府状态这两方面进行考察的结果”为指导思想的理论基础的现代社会主义革命。通过现代社会主义革命，建立消灭阶级、消灭私有制，实行公有制和计划经济的现代社会主义社会制度。其理论逻辑，简单地说就是：

第一步，进行现代社会主义革命，消灭资本主义社会制度，建立现代社会主义社会制度。这是因为：一方面，这种阶级对立之所以存在，是因为存在资产阶级对无产阶级的压迫剥削，剥削阶级对被剥削阶级的压迫剥削。这种压迫剥削，是非常残酷和极不人道的，是发展生产力和社会进步的严重障碍，因此，必须消灭资产阶级和一切剥削阶级。而资产阶级和剥削阶级之所以能对无产阶级和被剥削阶级进行压迫剥削，其根源是生产资料的私有制。剥削阶级占有大量生产资料，被剥削阶级没有或只有很少的生产资料。因此，现代社会主义革命的任务是，不仅要消灭资产阶级、剥削阶级对无产阶级、被剥削阶级的压迫剥削，而且要消灭产生阶级的基础，即消灭生产资料私有制，实行生产资料公有制和计划经济的现代社会主义社会制度。另一方面，由于资本主义社会存在资本主义企业是社会化、有组织、有计划的生产，而对全社会来说，是“统治于生产中的无政府状态”的矛盾。这种矛盾是阻碍生产力发展和社会进步的严重障碍，必须解决。而“社会化生产和资本主义占有的不相容性”，“社会化生产和资本主义占有之间的矛盾表现为无产阶级和资产阶级的对立”[16]，要解决这种矛盾，同样要求进行现代社会主义革命，消灭资产阶级和一切剥削阶级，消灭一切生产资料私有制，建立生产资料公有制和计划经济的现代社会主义制度。

由于资产阶级和其他剥削阶级不甘心自己的灭亡，必定利用他们掌控的国家政权，对现代社会主义革命进行残酷的镇压，因此，现代社会主义革命必定是暴力革命。现代社会主义革命夺取政权后，资产阶级和其他剥削阶级不甘心自己的灭亡，必定继续反对革命政权对他们的镇压，反对现代社会主义制度，因此，现代社会主义国家必定是无产阶级专政的国家，以镇压他们的反抗。同时，国际反动势力也不甘心现代社会主义国家的存在，必定干涉现代社会主义革命，颠覆现代社会主义国家。因此，现代社会主义国家必定是无产阶级专政的国家，以抵御国际上的反动势力的侵犯。

第二步实现共产主义，解放全人类。其理由主要是：

①辩证唯物论和历史唯物论认为，人类社会的发展是一个否定之否定的发展过程。这个过程是：人类社会形成之初，生产力水平极为低下，获得的生活资料，仅能保证人类自己的最低的生存条件，不可能有剩余的产品。在这种的情况下，只能是没有阶级、没有剥削的原始共产主义社会。随着生产力的发展，获得的生活资

料，在保证人们极为低的生活条件之外，开始有剩余的产品，这就给少数人占有他人剩余产品创造了条件。于是产生了少数人占有他人剩余的产品的行为。这种行为的发展，就逐渐形成了生产资料私有制、剥削阶级、被剥削阶级。剥削阶级为了维护自己的利益，建立起维护自己利益的法律制度等等，逐渐形成了国家。由此可见，生产资料私有制、剥削阶级、被剥削阶级、国家，是生产力发展到一定水平的产物。当生产力发展到极高的水平时，人类社会的发展就必定走向反面，发展为生产资料公有制，没有剥削阶级、被剥削阶级和国家的共产主义社会。

②现代社会主义认为，无产阶级只有解放全人类才能最后解放自己。而消灭资产阶级和一切剥削阶级，实行生产资料公有制和计划经济的现代社会主义社会，还不足以实现这个目标。因为社会主义社会还存在工农、城乡、体力劳动和脑力劳动等“三大差别”，还存在资产阶级法权。这些东西的存在，就存在产生生产资料私有制、阶级、阶级压迫剥削的土壤。因此，无产阶级夺取政权后，要实现解放全人类，最后解放自己这一目标，就必须极大地发展生产力，消灭“三大差别”，消灭资产阶级法权，消灭一切阶级差别，铲除一切能产生生产资料私有制和阶级的土壤，创造出没有压迫剥削，人人平等，人人自觉劳动，每个人的才能都能得到充分的发挥，每个人都能享受到高水平的、不断提高和不断丰富的物质文明和精神文明，每个人都有极高的觉悟和道德修养，和谐地解决与他人、与社会、与自然界的矛盾。到这时，政党和国家就成了多余的东西，逐渐消亡，全人类得到解放，无产阶级也得到解放。这种社会制度，就是共产主义社会。

以上两步，就是现代社会主义革命的目标。恩格斯当时认为：现代社会主义“就其理论形式来说，它起初表现为18世纪法国伟大启蒙学者所提出的各种原则进一步的、似乎更彻底的发展。”并认为这是社会主义从空想到科学的发展。

（2）现代社会主义是空想。

第二步实现共产主义，解放全人类的问题暂不讨论。这里只是证明进行现代社会主义革命，建立现代社会主义社会制度，从指导思想的理论基础就是错误的，因而在实践上也只能是空想。它不仅没有使社会主义从空想发展成科学，仍然是空想，而且使进行了这种革命的国家的历史发展发生了曲折，甚至给人民带来了灾难。

实际上，证明进行现代社会主义革命，消灭资本主义社会制度，建立现代社会主义社会制度是错误的，正是马克思恩格斯自己，是他们发现的“随着新生产力的获得，人们改变自己的生产方式，随着生产方式即保证自己生活的方式的改变，人们也就会改变自己的一切社会关系”的社会发展基本规律。作者只不过是作些诠释罢了。

①没有新生产力做基础的现代社会主义，只能是空想。

马克思恩格斯发现的社会发展基本规律明确指出，获得新生产力，是一切从旧的社会制度发展为新的社会制度的前提、物质基础、社会基础和动力；能获得新生产力的生产工具和技术的发明创造，是旧的社会制度发展为新的社会制度的起点和最终的决定的因素。这个历史唯物主义普遍真理告诉人们，判断人类社会发展旅程，是不是到了要进行消灭旧的生产方式、社会关系和上层建筑，建立新的生产方式、社会关系和上层建筑的社会革命的时候，即是不是到了要消灭旧的社会制度，建立新的社会制度的时候，首要的、起最终的决定作用的判据，就是要看人类是不是获得了新生产力。即首先要看人类有没有发明创造出来能获得新生产力的生产工具和技术，而不是看社会上有什么矛盾存在，有什么矛盾必须解决。道理很明显：没有获得新生产力，人们就不可能改变自己的生产方式，不可能有生产力革命的产生和必定胜利；没有生产力革命的产生和胜利，人们也就不可能改变自己的一切社会关系和上层建筑，即不可能有消灭旧的社会制度，建立新的社会制度的社会革命的产生和胜利。例如，奴隶社会延续几千年，奴隶起义此起彼伏，改朝换代无数，由于没有获得新生产力，奴隶社会的生产方式、社会关系和上层建筑还是奴隶社会的生产方式、社会关系和上层建筑，奴隶社会还是奴隶社会，奴隶社会制度的本质未变。但是，在奴隶社会中，一旦获得了“手推磨”为代表的新生产力，就产生了消灭奴隶社会的生产方式、社会关系和上层建筑，建立封建社会的生产方式、社会关系和上层建筑的社会革命，产生了以封建主为首的封建社会，而不是产生别的社会。同样，延续几千年的封建社会，也是农民起义此起彼伏，改朝换代无数，由于没有获得新生产力，封建社会的生产方式、社会关系和上层建筑，还是封建社会的生产方式、社会关系和上层建筑，封建社会制度的本质未变，封建社会还是封建社会。但是，在封建社会中，一旦获得了“蒸汽磨”为代表的新生产力，就产生了消灭封建社会的生产方式、社会关系和上层建筑，建立资本主义的生产方式、社会关系和上层建筑的社会革命，产生了以工业资本家为首的资本主义社会，而不是产生别的社会。马克思恩格斯正是根据这样的历史事实，发现和证明了一切消灭旧的社会制度，建立新的社会制度的社会革命，只有在获得相应的新生产力、遵循社会发展基本规律的前提下，才能产生和胜利。这是不以任何人的意志为转移的客观规律，是历史唯物主义的普遍真理。只有这样来判断要不要、能不能进行消灭旧的社会制度，建立新的社会制度的社会革命，才是真正正确地彻底地坚持了历史唯物主义的历史创造观。

恩格斯论述现代社会主义理论时，在该文的第三部分开头强调了这个历史唯物主义的思想理论。可是，不知为什么，他在阐明为什么要进行消灭资本主义社会，建立社会主义社会的现代社会主义革命理论时，违背了他们发现的这个社会发展基本规律，在人类获得“蒸汽磨”为代表的新生产力以后，人类有没有再次获得新生产力，人类什么时候能够再次获得新生产力，人类再次获得的新生产力是什么样的新生产力，人类再次获得的新生产力的发展及其优越性的发挥，要求建立什么样的生产方式、社会关系和上层建筑，即要求建立什么样的社会制度等问题，谁也不清楚、谁也不可能搞清楚的情况下，就根据对资本主义社会的“对统治于现代社会中的有产者和无产者之间、资本家和雇佣工人之间的阶级对立”和“统治于生产中的无政府状态”两个矛盾的考察结果，判定随着资本主义社会的这两个矛盾的存在和解决，就必定产生改变资本主义的生产方式为社会主义的生产方式；随着资本主义的生产方式改变为社会主义的生产方式，人们也就必定改变资本主义的社会关系和上层建筑为社会主义的社会关系和上层建筑，即判定人类社会的发展，到了消灭资本主义社会，建立社会主义社会的现代社会主义革命的时代了。

在这里我们看到，现代社会主义实质上是用这两个矛盾的存在和解决，来代替新生产力的获得和社会发展基本规律了。

这两个矛盾的存在和解决，能不能代替新生产力的获得和社会发展基本规律呢？或者说，这两个矛盾的存在和解决，能不能改变资本主义的生产方式、社会关系和上层建筑为现代社会主义的生产方式、社会关系和上层建筑呢？回答这个问题，只要问一问：“资本家和雇佣工人之间”的阶级斗争，“有产者和无产者之间”的阶级斗争，工厂企业的有组织、有计划的社会化生产和社会上“统治于生产中的无政府状态”之间的矛盾斗争，能产生出新的现代社会主义的生产方式、社会关系和上层建筑吗？能产生出新的现代社会主义社会制度来吗？马克思恩格斯的社会发展基本规律表明，发明创造是获得新生产力的唯一途径。只有人类发明创造出了能形成新生产力的生产工具和技术，人类才能获得新生产力。只有获得新生产力才能进行消灭旧的生产方式、社会关系和上层建筑，建立新的生产方式、社会关系和上层建筑的社会革命，才能进行消灭旧的社会制度，建立新的社会制度的社会革命。它同现代社会主义说的这两个矛盾的存在和解决，在性质上是风牛马不相及的两种事物。因为无论这两个矛盾的斗争是如何正义、有理、激烈，无论这两个矛盾斗争是如何发展和解决，都产生不出新的现代社会主义的生产方式、社会关系和上层建筑来，即产生不出新的现代社会主义社会制度来。例如，无产阶级领导和团结全国人民，反对资产阶级和其他剥削阶级的斗争，推翻反动统治，建立人民民主政权的斗争，毫无疑问是正义的，理所当然的。但是，这种斗争，能斗出现代社会主义的生产资料公有制和计划经济的生产方式、社会关系和上层建筑来吗？即能斗出现代社会主义社会制度来吗？马克思主义社会发展基本规律告诉我们，没有获得新生产力，不是获得的新生产力的发展及其优越性的发挥的要求，这种斗争，即便是斗一万年，也斗不出现代社会主义社会制度来！这两个矛盾斗争，只能像奴隶社会没有获得“手推磨”为代表的新生产力时，奴隶阶级反对奴隶主统治阶级的斗争那样，能改朝换代，促进奴隶社会制度发展，却不能改变奴隶社会的生产方式、社会关系和上层建筑，即不能改变奴隶社会制度的性质，奴隶社会还是奴隶社会。同样，也只能像封建社会没有获得“蒸汽磨”为代表的新生产力时，农民阶级反对封建地主统治阶级那样，能改朝换代，促进封建社会制度发展，却不能改变封建社会的生产方式、社会关系和上层建筑，即不能改变封建社会制度的性质，封建社会还是封建社会。同理，资本主义社会的上述两个矛盾斗争，能促进资本主义社会发展，但不能代替新生产力的获得，不能改变资本主义社会的生产方式、社会关系和上层建筑，产生不了现代社会主义社会制度，资本主义社会还是资本主义社会。由此可知，上述两个矛盾的存在和解决，是根本代替不了新生产力的获得和社会发展基本规律的。在人类没有获得新生产力的情况下，根据对上述两个矛盾的观察，得到的人类社会发展到了进行消灭资本主义社会，建立社会主义社会的现代社会主义的革命理论，和根据现代社会主义革命理论进行的革命实践，只不过是违背社会发展基本规律的、没有获得新生产力的前提、没有物质基础、社会基础和动力的一相情愿的空想。因此，不论马克思恩格斯是否自觉到，他们的社会发展基本规律画出的线路图，在理论上证明了现代社会主义只能是空想。

②现代社会主义革命运动经历的史实，证明了它是不能实现的空想。

现代社会主义革命在20世纪的确取得了1917年产生出第一个现代社会主义国家苏联的胜利，第二次世界大战后又产生出一个包括苏联、中国等国家组成的、蔚为壮观的现代社会主义阵营的胜利（取得胜利的原因后面再说）。但是，这些现代社会主义国家根据现代社会主义理论去构建生产方式、社会关系和上层建筑时，由于在资本主义社会中没有再次获得新生产力，现代社会主义不是、也不可能是建立在社会发展基本规律的基础上，因而不是想不出什么社会主义的生产方式、社会关系和上层建筑，来代替资本主义的生产方式、社会关系和上层建筑。即便是人为地构建出来了什么社会主义的生产方式、社会关系和上层建筑，必定不适合现有的生产力状况，使生产发展缓慢、停滞，甚至遭到严重的破坏，使这种生产方式、社会关系和上层建筑坚持不下去。这样的实例是很多的，下面略举几例：

先看工业。我国建国后，曾经在工业企业和群众中进行的反对雇佣思想教育。这种教育对提高工人阶级阶级觉悟、劳动积极性等方面曾有一定的作用。但是，要问为什么要进行这种教育呢？原因就在现代社会主义者构建不出什么社会主义的生产方式、社会关系和上层建筑，去代替资本主义的生产方式、社会关系和上层建筑。在生产方式上，还是要采用资本主义的生产方式去生产；在社会关系上，还是要采用资本主义的雇佣劳动制。因此，与其说为了反对资本主义的雇佣思想才需要进行反对雇佣思想的教育，倒不如说是因为想不出什么社会主义的生产方式、社会关系和上层建筑来代替资本主义的生产方式、社会关系和上层建筑，才需要进行反对雇佣思想的教育。事实正是如此：现代社会主义国家曾经企图改变资本主义的生产方式、社会关系和上层建筑，可是就是想不出什么社会主义的生产方式、社会关系和上层建筑来代替资本主义的生产方式、社会关系和上层建筑。工人还是和在资本主义企业一样进行生产劳动，生产方式没有变；还是和在资本主义企业一样实行雇佣劳动制度，社会关系至少在实质上未变。现代社会主义者用权力机构来改变社会关系，如实行计划经济，限制或取消市场经济，调配生产资料、劳动资料和产品，不仅行不通，反而对生产和经济起破坏作用。例如，我国实行计划经济时，由于没有计划做女人用的发卡的钢铁，一度连女人用的发卡都很难买到，还惊动了毛泽东。现代社会主义者经过这样的实践，到头来还是要搞市场经济，企业还是要从市场上买进劳动资料和生产资料；还是要雇工人进行生产；生产出来的产品还是要变成商品，进入市场销售，转化成货币，再用货币来解决生活和再生产之需。工人还是要向企业老板出卖劳动力换回工资，拿了工资到市场去买生活必需品，只不过是老板从资本家变成了国家派来的干部。市场经济、雇佣劳动的实质未变，社会关系与资本主义企业没有本质的区别。

再看农业，现代社会主义国家在农业生产中的生产方式、社会关系和上层建筑的变革，大体上说，在前苏联，有从家庭所有制到集体农庄所有制的变化；有从家庭为单位劳动到由集体农庄组织劳动的变化；有以集体农庄为分配单位的变化；还有用农业机械生产的变化。但这种生产方式和社会关系，始终妨碍苏联的农业生产的发展，农业生产远落后于发达的资本主义国家。农业生产落后，成了前苏联各届政府最头痛的领域之一。搞得前苏联像走马灯一样地撤换农业部长，最后也没有把农业生产搞上去。在我国，农业生产资料有从家庭所有制到各级生产队的集体所有制、直至公社集体所有制等变化；生产有从家庭自主生产到集体按政府指令生产（即上级指令种什么，就种什么，指令种多少亩，就种多少亩）的变化；生产劳动有从家庭为单位组织劳动到由生产队组织集体劳动的变化，但仍然是一个个农民拿着锄头、犁、耙，赶着牲口干农活，生产方式并未变化；分配方面，有从以家庭为分配单位到以生产队集体为分配单位，按个人劳动工分进行分配的变化；公社化时期，有实行社员吃公共食堂制的变化；个别地方的公社，有一段实行生老病死全包，全面实行生产资料公有制和计划经济的变化。推行这种生产方式、社会关系和上层建筑变革的基本方法是“以阶级斗争为纲”、“阶级斗争，一抓就灵”。推行的结果是使我国经济走到崩溃的边沿。这种做法对我国经济社会有多大的破坏作用，2010年2月22日的《书刊报》以“陈云回乡检讨过失”为题，转载《华夏人文》吴晓波的文章，其中列举了1961年6月陈云在家乡半个月调研碰到的一些事情，很能说明这个问题。这里仅取一例：陈云去公社养猪场参观，干部们告诉他，去年一年，公社养猪没赚到钱，反而亏了3.8万元，平均每个农户要负担16元。建猪场，搞基建还花了7万元。这使陈云吃了一惊。陈云了解到农户私人养猪的时候，平均一头母猪一年生十四五头子猪，子猪死亡率为6%；实行生产队公养后，一头母猪一年生四五头子猪，子猪死亡率竟高达89%。这么强烈的对比，又让陈云大吃一惊。这个事情表明，违背马克思的社会发展基本规律，不是建立在获得新生产力基础上的现代社会主义社会制度，是找不到、也不可能找到与现代社会主义相应的生产方式、社会关系和上层建筑的。就是根据那两个矛盾构建出来了什么消灭生产资料私有制，消灭阶级，实行生产资料公有制，实行计划经济等现代社会主义的生产方式和社会关系，对生产力的发展只能起破坏作用。由此可见，没有获得新生产力，违背社会发展基本规律，违背经济规律，用行政权力来推行凭主观臆想构建出来的现代社会主义社会制度，是现代社会主义国家经济普遍落后，现代社会主义阵营解体的根本原因。这就不仅在理论上、而且在实践上证明了现代社会主义是不可能实现的空想。

③马克思对没有获得相应的新生产力，能不能进行现代社会主义革命的怀疑和忧虑。

马克思早就对在没有获得相应的新生产力做基础，仅仅根据“对统治于现代社会中的有产者和无产者之间、资本家和雇佣工人之间的阶级对立”和“统治于生产中的无政府状态”这两个矛盾的存在和解决，能不能进行现代社会主义革命，实行生产资料公有制和计划经济的现代社会主义制度产生了怀疑，对现代社会主义革命会成为空想，感到忧虑。到了马克思恩格斯晚年，他们抛弃了现代社会主义革命理论观点，认为那不过是当年的错误的幻想，明确作了改正。

先说他们的怀疑和忧虑。前面引用过的李卜克内西回忆1850年的一天马克思同他谈的："马克思嘲笑欧洲得胜的反动势力，他们幻想革命已被窒息，而没有想到自然科学正准备一场新的革命。蒸汽大王在前一个世纪中翻转了整个世界，现在它的统治已到末日，另外一种更大无比的革命力量——电力的火花将取而代之。"到19世纪70年代，在以电机和内燃机为标志的第二次工业革命到来时，马克思说，"这件事的后果是不可估计的。经济革命之后一定要跟着政治革命，因为后者是前者的表现而已。"马克思的这些谈话，当然表明了马克思非常重视科学技术创造在获取新生产力、推动社会发展中的重要地位和作用。但是，换一个角度来看，也很明显地表明，他是把用电技术（电力的火花）、"牵引火车的电力机车"、内燃机等发明用于生产所形成的新生产力，看做是比"蒸汽磨"更先进的、有推翻资本主义社会，建立社会主义社会要求的新生产力的（这些发明是不是这种新生产力，后面再说）。这就表明，在现代社会主义革命已经搞了好多年以后，马克思还在为寻找有没有发明创造出来的、能形成新生产力的生产工具和技术作进行现代社会主义革命的科学根据而操心和忧虑。这种操心和忧虑表现在：

一是进行现代社会主义革命在前，寻找进行现代社会主义革命的根据——新生产力在后，是不符合辩证唯物主义认识论的。如果以1848年2月第一次以单行本形式在伦敦出版《共产党宣言》的时间作为马克思恩格斯正式进行现代社会主义革命的起点，如果用电技术（电力的火花）和内燃机的发明，是马克思说的那种新生产力，马克思和李卜克内西的这次谈话是1850年的一天进行的。那么，这就是说，马克思恩格斯就是在还没有这种新生产力问世的前两年，就已经创立共产主义理论，正式进行现代社会主义革命了。实际上，用电技术转化为新生产力，以1879年德国人西门子发明电力机车、1880年美国人爱迪生发明白炽灯为标志更确切一点。内燃机技术转化为新生产力，以1876年德国人奥托发明四冲程内燃机为标志，更确切一点。这就更加说明，在三十多年前，这些生产工具和技术的发明远没有真正用于生产形成新生产力的时候，更是远不能表明这些生产工具和技术的发明用于生产所形成的新生产力，就是社会发展基本规律中说的那种新生产力的时候，马克思就勉强认定这些生产工具和技术是有进行推翻资本主义社会，建立社会主义社会的现代社会主义革命要求的新生产力了，这符合马克思的“存在决定意识”的唯物主义认识论吗？由此可见，如果马克思不是为现代社会主义革命不是建立在获得新生产力的基础上会成为空想感到忧虑，他会在这个时候如此为现代社会主义革命寻找新生产力来作根据操心吗？！

二是用电技术、内燃机等生产工具和技术用于生产所形成的新生产力，对生产和经济社会的发展，确有很大的推进作用。这种推进作用，延续至今，还未停止。但是，这些生产工具和技术用于生产所形成的新生产力，不仅没有提出改变资本主义生产方式、社会关系和上层建筑，建立社会主义生产方式、社会关系和上层建筑的要求，反而推动了资本主义生产方式、社会关系和上层建筑的发展。这就说明，这些工具和技术用于生产所形成的新生产力，不是马克思发现的社会发展基本规律中说的那种新生产力。马克思在发明出来的这些工具和技术用于生产所形成的新生产力的性质和在社会发展中的地位和作用还未充分暴露的情况下，就把这种新生产力作为社会发展基本规律中说的那种新生产力，作为现代社会主义革命的根据，只不过是马克思的一个不正确的预言。这对治学处事一向严谨的马克思来说，是十分不得已的操心，是对现代社会主义革命不是建立在获得新生产力的基础上会成为空想的忧虑和不踏实的骑虎难下之感。

再说，马克思恩格斯经过上述怀疑和忧虑，看到资本主义制度的新发展，工人阶级斗争新形式的出现，到了他们的晚年，他们抛弃了“现代社会主义，就其内容来说，首先是对统治于现代社会中的有产者和无产者之间、资本家和雇佣工人之间的阶级对立和统治于生产中的无政府状态这两方面进行考察的结果”的错误观点。例如，1847年10月，27岁的恩格斯写了《共产主义原理》一文，表达了他对未来理想社会的构想。到他73岁时，于1893年5月11日，对法国《费加罗报》记者发表谈话，否定了他青年时期对未来理想社会的构想。他说：“我们没有终极目标，我们不打算把什么最终规律强加给人类。关于未来社会组织方式的详细情况的预订看法吗？您在我们这里连他们的影子也找不到。”又如，1895年3月6日恩格斯在（《法兰西阶级斗争》导言）中，对历史唯物主义理论体系进行了最后的反思和修正，回到第一个观点道路上来了：“历史表明我们也曾经错了，我们当时所持的观点只是一个幻想。历史要做的还要更多：它不仅消除了我们当时的迷误，并且还完全改变了无产阶级进行斗争的条件。1848年斗争的方法（引者注：指《共产党宣言》中说的暴力革命），今天在一切方面都已经陈旧了，这一点是值得在这里较仔细地加以研究的。”

马克思恩格斯就是这样面对现实，从空想的疑虑中走了出来，回到他们的第一个观点的正确路线上来。问题是马克思恩格斯以后的现代社会主义者，没有听取马克思恩格斯晚年的教导和忠告，没有作这种研究，仍然坚持用暴力革命，无产阶专政，消灭私有制，实行公有制，实行计划经济，搞现代社会主义革命的空想。

④现代社会主义对资本主义社会的生命周期的估计，也在一定程度上说明现代社会主义是空想。

现代社会主义是把资本主义社会、社会主义社会作为和原始社会、奴隶社会、封建社会并列的社会制度的。

辩证唯物主义和历史唯物主义认为，一切事物，包括每种社会制度，都有一个产生、成长、成熟、灭亡的生命发展周期。不论现代社会主义者自觉还是不自觉，在事实上，他们对资本主义社会的生命发展周期有一个估计。如果拿现代社会主义者对资本主义社会的生命发展周期的估计，同其他社会形态的生命发展周期进行比较，就会发现，现代社会主义对资本主义社会的生命发展周期的估计，短得非常不合常理、不符实际。

权以马克思说的“蒸汽磨产生的是工业资本家为首的社会”作为资本主义社会的起点，则可以把瓦特发明蒸汽机的1765—1769年作为资本主义社会起点的标志。权以《共产党宣言》1848年2月第一次以单行本形式在伦敦出版的这个时间，作为马克思恩格斯正式推行现代社会主义革命，要消灭资本主义社会，建立现代社会主义制度的起点。这样，资本主义社会从产生到灭亡的生命发展周期是多少呢？是79～83年。尽管人类社会有如加速度式地发展，越来越快，但资本主义社会也不会才活了79～83年，就到了该消灭它的时候。这同奴隶社会、封建社会千年以上的生命发展周期相比，也实在是悬殊太大，太不相称了。就算是一个现代人，活79岁、83岁的，也不稀罕。资本主义社会怎么会这么短命呢？

当然，资本主义社会的产生起点还有更科学的表述。《辞海》是这样说的：“在十四五世纪，地中海沿岸若干城市已经有资本主义生产的萌芽，西欧在16世纪开始进入资本主义时期。经过十七八世纪英法的资产阶级革命和18世纪后半期机器大工业的发展，才巩固了资本主义的统治地位。”根据这个说法，如果以“西欧在16世纪开始进入资本主义时期”作为资本主义社会诞生的起点，以1848年2月第一次出版《共产党宣言》这个时间作为正式提出消灭资本主义社会，建立现代社会主义制度的起点，则资本主义社会仅仅生存了三四个世纪，现代社会主义就认为它到了该寿终正寝的时候了。这同奴隶社会、封建社会千年以上的生命发展周期相比，也是太短命了。现代社会主义这样来估计资本主义社会的生命发展周期，是不是在一定程度上反映出现代社会主义者在没有搞清资本主义社会究竟是怎样一个生命发展周期的情况下，执迷于“对统治于现代社会中的有产者和无产者之间、资本家和雇佣工人之间的阶级对立和统治于生产中的无政府状态”这两个矛盾的存在和解决，使他们把自己发现的“随着新生产力的获得，人们改变自己的生产方式，随着生产方式即保证自己生活的方式的改变，人们也就会改变自己的一切社会关系” 的社会发展基本规律也忽视了，空想着资本主义社会的灭亡和现代社会主义社会的诞生的心情呢？

在资本主义社会还处在幼儿阶段时，现代社会主义者就判了它的死刑。但历史发展的进程并不是这样，它不仅没有被消灭，它又活了一百年多年，而且还继续活着。拿当代资本主义社会与它的原始积累时期相比，不能不承认，它经历了若干发展阶段后，其发展变化是非常巨大的。在当代世界社会中，资本主义的生产方式和社会关系，仍然居主导统治地位，仍有强大生命力。以至于处于社会主义初级阶段的中国，都不能不回过头来去和国际接轨。在这种情况下，有谁能算出资本主义社会还有多少阳寿呢？

当然必须肯定，资本主义社会同已往的一切阶级社会制度一样，总有一天会走完它的生命周期，最终也是要灭亡的。但是，必须明确肯定的是：无论何人，要想创造消灭资本主义社会和建立新的社会制度的历史，只有在人类发明创造出来了能获得新生产力的生产工具和技术用于生产所形成的新生产力的发展及其优越性的发挥，要求消灭资本主义生产方式和社会关系时，才有可能。至于资本主义社会制度灭亡后，产生出来的新的社会制度会是什么社会制度，也只能由人类发明创造出来的能获得新生产力的生产工具和技术用于生产所形成的新生产力的发展和它的优越性的发挥的需要和要求来决定。否则都只能是空想。

总之，无论是在理论上，还是在实践上，无不证明，仅凭资本主义社会“对统治于现代社会中的有产者和无产者之间、资本家和雇佣工人之间的阶级对立和统治于生产中的无政府状态”这两个矛盾的存在和解决，来消灭资本主义社会，消灭生产资料私有制，消灭剥削阶级，实行生产资料公有制和计划经济的现代社会主义社会制度，只能是空想。

△现代社会主义为什么能取得如此伟大的胜利？

既然现代社会主义是空想，为什么经过马克思恩格斯以后的几代共产党人的努力，能够取得1917年诞生第一个社会主义国家苏联，到第二次世界大战后，又诞生了一个包括苏联、中华人民共和国等众多国家组成的、蔚为壮观的社会主义阵营的伟大胜利呢？原因是：

△现代社会主义提出的革命理论、口号、任务和政策，尽管是空想，但满足了无产阶级、被剥削阶级、被压迫民族和广大人民群众的强烈的正义的愿望和要求；而且提出的美好前途，远远超出了被压迫剥削的广大人民群众的预期，使受压迫剥削的阶级和劳动人民喜出望外，他们自然衷心积极拥护、支持和参加这个革命，去夺取这个革命的胜利。

△现代社会主义革命的领导者共产党和它的领袖、广大干部、

革命队伍，从总体上说，不同于以往的革命领袖、干部、革命队伍，他们中的绝大多数是真心实意、代表无产阶级、一切被剥削阶级、被压迫民族和广大人民群众的根本利益的。他们不谋私利、英勇不屈、不怕牺牲，身先士卒，为实现现代社会主义社会和创造更加美好的共产主义社会忠诚奋斗的革命者。他们的实际行动，赢得了广大人民群众的高度信赖，巨大而深刻地教育和鼓舞了无产阶级、被剥削阶级、被压迫民族和广大的人民群众，学习他们的榜样，积极拥护和参加到这个革命中来。有这样使人向往的奋斗目标，有这样优秀的党、领袖、干部队伍和干群关系，去干这个革命，这个革命的胜利自然是无疑的。

△夺取政权后的民主改革路线、方针、政策，给广大人民群众带来了巨大实惠，激发出翻身做主人的澎湃激情，激励他们拥护共产党，拥护人民政权。

有此三点，革命焉有不胜之理。

△现代社会主义为什么取得如此伟大的胜利后，又归于失败？

首先要划清一个界线：能不能战胜敌人、夺取政权，是一回事；能不能消灭现有的社会制度，建立新的社会制度，是另一回事。前者为了公平正义，更好的生活，是能做到的。例如，历史上的改朝换代。后者则如前所说，必须获得新生产力，遵循社会发展基本规律，才能实现。现代社会主义革命胜利，由于人类没有获得新生产力，不可能建立在新生产力基础上，违背了社会发展基本规律，使革命的胜利，实际上不是现代社会主义革命的胜利，只是战胜敌人、夺取政权，争取人民民主革命的胜利。因为，在没有获得新生产力的情况下，人民群众只有夺取政权和民主改革的要求，没有也不可能有建立消灭私有制，实行公有制和计划经济的现代社会主义社会制度的要求。加上共产党在民主革命时期，把社会主义和共产主义宣传得那么好，人民群众出于在夺取政权、民主革命年代建立起来的对共产党的由衷信赖，是真心希望实现现代社会主义社会和共产主义社会的。但人民群众实际上对什么是现代社会主义社会、怎样建立现代社会主义社会，并不真的了解，因此，到了现代社会主义革命者真的实行消灭资本主义制度，实行公有制和计划经济的现代社会主义社会制度时，就由于它不是新生产力要求的产物，违背社会发展基本规律，不适合现有的生产力状况，加之实行的手段又是“阶级斗争一抓就灵”，搞“文化大革命”等顺之者昌，逆之者亡一套，使生产力、党群关系、干群关系遭到破坏，使我国的经济滑到崩溃的边沿，严重损伤广大人民群众利益。这个现实，使广大人民群众了解到现代社会主义只不过是一个违反社会发展基本规律的美好的空想，使广大人民群众对现代社会主义的态度，发生了从紧跟、观察、怀疑、消极、抵触、反抗的转变。民心有这种变化，现代社会主义焉有不失败之理。

第五个方面　中国特色社会主义使社会主义从空想到科学的发展

主要表现在以下几个方面：

（1）中国特色社会主义的特色首先表现在它的指导思想的理论基础与现代社会主义的指导思想的理论基础根本不同：现代社会主义的指导思想的理论基础，是建立在资本主义社会存在“对统治于现代社会中的有产者和无产者之间、资本家和雇佣工人之间的阶级对立和统治于生产中的无政府状态”的这两个矛盾必须解决，而解决这这两个矛盾，就必须消灭阶级，消灭生产资料私有制，建立生产资料公有制和计划经济的现代社会主义制度的理论基础上。如前所述，这是违背社会发展基本规律的空想，必然遭到失败。而中国特色社会主义的指导思想的理论基础是马克思发现的社会发展基本规律，在没有获得新生产力的条件下，强调生产方式、社会关系和上层建筑必须适合生产力状况，实行以国有经济为主的多种经济成分并存，实行社会主义市场经，同国际接轨，农村实行家庭联产责任承包制等，从而理顺了我国的生产力同生产方式和社会关系的关系。

（2）中国特色社会主义的第二个特色，就是共产党的全心全意为人民服务的宗旨，“以民为本，执政为民”的执政理念。这个特色是中国共产党在领导人民群众在长期的、复杂的、困难的革命斗争中，继承和发扬党的为人民服务精神而形成的。正是因为有了这个特色，使中国共产党和人民群众结成了血肉相连，鱼水相依，休戚与共的关系，使我国人民选择了中国共产党的领导。即便是犯了“大跃进”、“文化大革命”等给人民群众带来了严重灾难的大错误，人民群众仍然相信只要共产党坚持这个宗旨和执政理念，就能纠正错误，探索出我国正确健康发展的道路，因而没有也不能割断党和人民群众的血肉相连的关系。正是因为有了这个特色，中共十一届三中全会以后，领导全国人民，不仅扭转了“大跃进”、“文化大革命”带来的危局，激发出我国人民高昂的建设有中国特色社会主义的斗志和热情，使我国经济社会的发展取得了举世瞩目的成就，而且使我国经受住了现代社会主义阵营瓦解的国际政治大风波的考验，没有发生前苏联等国那样的剧变；正是因为有了这个特色，使中国共产党不同于其他政党，决定了我国的社会主义国家的本质。可以说，共产党的这个宗旨和执政理念，是中国特色社会主义的最根本的、起最终的决定的作用的特色。这个特色是共产党的生命线，社会主义的生命线。共产党失去这个特色，就失去了核心价值，就失去了生命力，我国就不是社会主义国家了。

（3）中国特色社会主义的第三个特色是明确坚定地坚持共产主

义理想。

共产主义不是空想，是理想：

①共产主义是符合辩证唯物论和社会发展基本规律的。

辩证唯物论认为，宇宙万物都有一个从产生、发展到灭亡的过程。人类社会发展中产生的一切社会制度，也莫不如此。在人类社会形成和发展的初期，由于生产力水平十分低下，只能形成原始共产主义社会。随着石器工具、青铜工具等新生产力的获得，生产力的发展水平的提高，在原始共产主义社会中，产生了生产资料奴隶主私有制，形成了奴隶主阶级占有生产资料，奴隶主压迫剥削奴隶阶级的国家社会制度，即产生了人类社会中的第一个阶级社会——奴隶社会。此后，随着历史的向前推移，新生产力的不断获得，人们改变生产资料私有制、阶级、阶级压迫剥削、国家等事物的性质和形式，使阶级社会从低级阶段向高级阶段发展，又先后产生和经历了封建社会、资本主义社会。阶级社会是社会生产力发展的一定阶段内的产物，不是永恒的。随着科学技术、生产力的继续不断的发展，要求消灭生产资料私有制、阶级、阶级压迫剥削、政党、国家等社会形态的高水平的新生产力总是要产生出来的。这种高水平的新生产力一旦产生出来后，阶级社会的历程就走到了它的终点，就会根据这种高水平新生产力的发展及其优越性的发挥的需要和要求，走向阶级社会的反面，形成一个新的社会制度：它没有生产资料私有制，生产资料为全社会公有；它没有阶级、没有阶级压迫剥削，没有政党，没有国家。在这种新的社会中，每个人都能公平地享受到自己所需要的、不断提高、不断丰富的高水平的物质文明和精神文明；每个人的才能都能得到充分的培养和发挥；每个人都有极高的觉悟和道德修养，都能公平、正义、和谐地处理人与人之间的关系和社会矛盾……我们把未来的根据这种高水平新生产力的发展及其优越性的发挥的需要和要求产生出来的新的社会、即符合辩证唯物论和社会发展基本规律产生出来的新的社会制度，叫做共产主义社会。因此，共产主义社会是理想，不是空想。

②共产主义社会理想，反映了全世界最广大人民群众的根本的长远的利益。

在人类社会发展史上，没有一种社会制度能够与共产主义社会比美。它是除了极少数顽固的既得利益者视共产主义如洪水猛兽外，一切真正了解共产主义社会的人，都会衷心热切地向往共产主义社会。因为，全世界最广大人民群众，都不愿受剥削阶级的压迫剥削，都不愿在动乱、战争的恐怖中生活，都愿意过公平、正义、自食其力、互利互助、自由平等、社会和谐的生活，都希望自己的才能得到很好的培养和充分的发挥。这样，共产主义社会正好和全世界最广大人民群众的要求一致。这就使实现共产主义理想有最广泛的群众基础和社会基础，有最强大的、持久的动力。

③从世界新科学技术革命的发展势头来看，有实现共产主义社会要求的新生产力，必定会为人类发明创造出来。到那时，共产主义理想的实现，有了坚实的物质基础。

既然如此，坚持共产主义理想，是理所当然的。

（4）中国特色社会主义的第四个特色，是把我国定位为社会主义社会的初级阶段，制定和实行了“一个中心，两个基本点”的基本路线。

经过“大跃进”、“文化大革命”，使生产力和经济社会遭到极其严重破坏，党不仅认识到实现共产主义社会，要经历社会主义发展阶段，而且认识到社会主义的发展也是分阶段的，也是一个从低级阶段向高级阶段发展的历史过程。由于对这个问题有了科学认识，党根据我国的实际情况，把我国定位为社会主义社会的初级阶段，制定实行“一个中心，两个基本点”的基本路线，形成了中国社会主义的这个特色。这条基本路线是通过人民代表大会、政治协商会议等民主政治体制和国务院等行政体制来实现的。

（5）中国特色社会主义的第五个特色，是深入贯彻科学发展观，尊重科学，尊重自然规律、社会发展规律和经济规律等客观规律，与时俱进。主要意义在：

①坚持深入贯彻科学发展观，是对我党历史和执政以来的经验教训最根本的总结。纵观我党历史，凡是我党顺利发展时期，无不是得益于领导具有尊重客观规律、尊重科学、尊重创新的精神；凡是我党发生的重大错误，无不是由于各种主客观原因，领导背离了尊重客观规律、尊重科学、尊重创新的精神，独断专行的结果。

②深入贯彻科学发展观，指出了解放思想的方向和途径，不仅在认识论上，进一步使我们从现代社会主义的空想中解放出来，正确认识科学实现社会主义的途径，走中国特色社会主义的道路，而且在方法论上，使我们进一步纠正现代社会主义者的“以阶级斗争为纲”、“阶级斗争，一抓就灵”的暴力方法来建立现代社会主义社会的错误，用建立社会主义和谐社会的方法，来建设和发展中国特色社会主义。

③科教兴国、大力发展教育和科学技术，树立全民族的创新意识，大力提高自主创新能力，建立人力资源强国，把建设创新型国家放在国家发展战略的核心位置上，既是深入贯彻科学发展观的体现，又是正确实现这一战略的根本保证。

④深入贯彻科学发展观，必然与时俱进。一切客观事物是发展的，建设社会主义也是如此。不与时俱进，就会思想僵化，不能随着社会主义建设的发展而发展，就不能科学地建设社会主义。

（6）中国特色社会主义的第六个特色是利用社会主义国家能调

动一切积极因素，统筹兼顾，集中力量办大事的优势，把事关民生大事、国家命运和发展前途的科学技术、经济和国防领域的项目，放在优先发展的地位，集中力量做好。

（7）中国特色社会主义的第七个特色是构建社会主义和谐社会，推动建设持久和平、共同繁荣的和谐世界。

胡锦涛在中共“十七大”报告中说：“深入贯彻落实科学发展观，要求我们积极构建社会主义和谐社会。社会和谐是中国特色社会主义的本质属性。科学发展和社会和谐是内在统一的。没有科学发展就没有社会和谐，没有社会和谐也难以实现科学发展。构建社会主义和谐社会是贯穿中国特色社会主义事业全过程的长期历史任务，是在发展的基础上正确处理各种社会矛盾的历史过程和社会结果。”报告中提出了“推动建设持久和平、共同繁荣的和谐世界”的构想。这是马克思主义首次提出构建社会主义和谐社会和谐世界的构想，其意义主要是：

①明确了社会和谐是中国特色社会主义的本质属性，就明确了中国人民之间的社会关系应当是和谐的。这是对现代社会主义者认定的，只有“以阶级斗争为纲”才能建成社会主义，才是马克思主义的错误理论的拨乱反正；这是对扭曲人心，强奸民意，一个接着一个大搞政治运动，直至“文化大革命”十年动乱等错误的根治；这是我国不再瞎折腾，实现社会稳定的根本途径；这是我国实现依法治国、政治民主的根本目标；这是广大人民群众民主权利、切身利益的基本保证。创建社会主义和谐社会，反映了我国各民族最广大人民群众一心一意地搞建设，国泰民安、民富国强的愿望。

②构建和谐社会是深入贯彻科学发展观的要求，没有科学发展就没有社会和谐，没有社会和谐也难以实现科学发展。这就一方面指出了只有科学发展了，生产力才能不断更好更快更大地发展，

满足我国广大人民群众日益增长的物质和文化需要，才有物质基础不断提高广大人民群众的觉悟和解决社会进步中产生的各种社会矛盾，实现社会和谐；另一方面又指出了科学发展要有和谐的社会环境，如20世纪五六十年代那样，人为地一个接着一个地搞政治运动，特别是搞“文化大革命”，搞得人心惶惶，人人自危，这样的社会环境，怎么能够实现科学发展呢！

③和谐社会和谐世界的构想，反映了全世界广大人民群众的心声，必将赢得全世界广大人民群众的拥护。

当代许多国家内部、许多国家之间，存在着各种利益争端，矛盾错综复杂，引发各种冲突动乱，甚至是发生局部战争。在冲突动乱局部战争中，以大压小，以强凌弱，不公平正义的事件时有发生。这些地方的广大人民群众流离失所，生命没有保障，苦不堪言。如果要问遭受这种苦难的广大人民群众和看到这种苦难的全世界的广大人民群众最向往的是什么？他们的回答可能各式各样，但有一个共同点，就是向往有一个公平正义的和谐社会，有一个公平正义的和谐世界。因此，构建公平正义的和谐社会和谐世界，是全世界的广大人民群众心之所向。当然，构建和谐世界绝不是轻而易举的事情。但是，有四点必将导致和谐社会和谐世界的实现：一是构建和谐社会和谐世界，本质上反映了全世界人民的要求。二是有反面教员不断给世界各国人民“上课”，最终必定使世界各国人民觉悟，看清反面教员的嘴脸，使世界各国人民看清只有共同构建和谐社会和谐世界，才能从反面教员的压迫下解放出来。三是科学技术发展到今天这样高的水平，而且还在继续高速发展。这就不仅为制造高端武器创造了条件，也为和谐社会和谐世界创造了物质基础。四是现在有了一个影响力越来越大的中国带头，永不称霸，遵行和平共处五项原则，国无大小强弱，平等相待，互利双赢，走共同构建和谐社会和谐世界的道路。路遥知马力，日久见人心。构建公平正义的和谐社会和谐世界的思想，必将受到越来越多的人欢迎。由此可知，构建公平正义的和谐社会和谐世界，无论要经过多长时间、经过多少艰难曲折，最终必定发展成为在世界上占统治地位的民意。到那时，公平正义的和谐社会和谐世界就一定会实现。

中国特色社会主义的特色还有许多，不能详说了。但有了上述特色，就使社会主义实现了从空想到科学的发展。我国正是因为坚持了有上述特色的社会主义，仅仅经过30年的建设，使我国取得了举世瞩目的成就，创造出了一个前所未有、世人羡慕、景仰的盛世中华，实现了中华民族的伟大复兴。这是我国年纪稍大的人从始至今都经历了的，特别是七八旬的老人的今昔对比见证了的，也是现在活着的每个人正在不断体验着的。

这些特色本身是不断发展的。随着建设有中国特色社会主义事业的不断发展和世界的不断发展变化，中国特色社会主义的特色，还会有新的特色产生出来。这是后话了。

第六个方面　世界新科学技术革命使人类获得了新生产力

在当代，人类获得了新生产力吗？党中央对这个问题的回答是肯定的，世界新科学技术革命的突破，使人类获得了新生产力。

邓小平说："现代科学技术正在经历着一场伟大的革命。近三十年来，现代科学技术不只是在个别的科学理论上、个别的生产技术上获得了发展，也不只是有了一般意义上的进步和改革，而是几乎各门科学技术领域都发生了深刻的变化，出现了新的飞跃，产生了并且正在继续产生一系列新兴科学技术。现代科学为生产技术的进步开辟道路，决定它的发展方向。许多新的生产工具，新的工艺，首先在科学实验室里被创造出来。一系列新兴的工业，如高分子合成工业、原子能工业、电子计算机工业、半导体工业、宇航工业、激光工业等，都是建立在新兴科学基础上的。当然，不论是现在或者今后，还会有许多理论研究，暂时人们还看不到它的应用前景。但是，大量的历史事实已经说明：理论研究一旦获得重大突破，迟早会给生产和技术带来极其巨大的进步。当代的自然科学正以空前的规模和速度，应用于生产，使社会物质生产的各个领域面貌一新。特别是由于电子计算机、控制论和自动化技术的发展，正在迅速提高生产自动化的程度。同样数量的劳动力，在同样的劳动时间里，可以生产出比过去多几十倍几百倍的产品。社会生产力有这样巨大的发展，劳动生产率有这样大幅度的提高，靠的是什么？最主要的是靠科学的力量、技术的力量。”⑰江泽民说：“科技领域的革命性变革，不仅通过推动生产力发展有力地作用于人们的生产和生活方式，而且必将深刻地影响下个世纪的世界政治、经济、文化和军事格局。对此，我们要有足够的估计。”⑱胡锦涛在2006年6月5日中国科学院第十三次院士大会和中国工程院第八次院士大会上说：“国家核心竞争力越来越表现为对智力资源和智慧成果的培育、配置、调控能力，表现为对知识产权的拥有、运用能力。在当代世界科技发展的澎湃大潮中，可以说，谁把握了这些新特点新趋势，紧紧抓住追赶和跨越的机遇，不断增强科技实力特别是自主创新能力，谁就能在综合国力竞争中占据更有利的战略地位。世界主要国家纷纷加快了争夺科技制高点的步伐。世界科技进步迅猛发展及其带来的巨大影响，给我们提出了不能回避、也回避不了的严峻挑战。”很明显，这些都是对当代世界新科学技术革命的突破，使人类获得了新生产力，使我国面临新的挑战和机遇的论述。这个新生产力就是以电子计算机、信息技术、自动控制技、智能技术为龙头，生物、材料、核科技、航空航天、海洋等科学技术的发明创造用于生产所形成的新生产力。简单地说，就是以高科技为代表的新生产力。

这个新生产力具有前所未有的无比巨大的优越性：

（1）它能代替人的体力劳动；代替人去人不能适应的环境中、去做人需要做的工作；并能无比快速准确地代替人去完成人能做、但人花费毕生精力而又做不完的课题。

（2）它能越来越多地代替脑力劳动，扩展脑力劳动探求领域，使人的脑力劳动不断向广度和深度发展，使人类宏观领域的探索空间越来越大，微观领域的探索层次越来越深，并且其准确性和速度之高，是人体器官望尘莫及的。

（3）它能越来越多地体现人的智慧，能帮人提高创造效率和质量；它能进行仿真模拟，是十分经济、风险最小的进行创造活动的工具，是解放创造力和提高创造力的工具。

（4）它使人类从沉重的记忆劳动中解放出来，不受时空制约地获取、储存信息、传递信息、交流信息和科学利用信息。

总之，这种新生产力方兴未艾，开创了人类从以体力劳动为主的时代向以智力劳动为主的时代的伟大转变。

第七个方面　和谐社会和谐世界是当代新生产力和社会发展基本规律的必然要求。

当代新生产力具有如此空前巨大的优越性，它的获得，自然要求改变传统的生产方式和社会关系，创建适合自己发展的新的生产方式和社会关系。这是社会发展基本规律的必然。否则，就不能说获得了新生产力。江泽民极富远见地描述了当代新生产力的获得，在人类社会发展中的地位和作用。他说："21世纪，科技创新将进一步成为经济和社会发展的主导力量。在新的世纪里，科技与经济和社会发展的结合将更加紧密。新的科学发现和技术发明，特别是高科技的不断创新及其产业化，将对全球化的竞争和综合国力的提高、对世界的发展和人类文明的进步，产生更加巨大而深刻的影响。社会生产方式和产业结构，生产工具、劳动者素质等生产力要素以及人们的生活方式和思想观念，都将发生新的革命性变化。对此，我们应有充分的估计和认识。"⑲

适合以高科技为代表的新生产力的生产方式是什么呢？或者说，以高科技为代表的新生产力要求建立什么样的生产方式呢？是信息化、自动控制化和智能化的生产方式。这种生产方式，已在一些领域实现。例如，人类已经将月球车送上月球，进行勘测、取样，把图像、分析结果等信息发回地球；无人飞机能代替飞行员进行飞行参加战斗；完全无人直接参与、依靠信息技术、自动控制技术、智能技术进行工农业生产，更是没有解决不了的困难。它能从根上改变传统的工农业的生产方式，其巨大无比的优越性已经充分显示出来，远远超过传统的工农业的生产方式。因此，信息化、自动控制化和智能化的生产方式，必将成为未来社会生产中占主导统治地位的生产方式。

那么，适合信息化、自动控制化和智能化的生产方式的社会关系是什么呢？或者说，信息化、自动控制化和智能化的生产方式要求建立什么样的社会关系呢？虽然以高科技为代表的新生产力的兴起和迅猛发展，但从其发展全过程来看，信息化、自动控制化和智能化的新生产力，还是处于起步发展阶段，其发展和优越性的发挥，对变革社会关系的需要和要求，刚刚萌芽，现在还无法作出清楚具体的说明。但是，根据马克思揭示的社会发展基本规律，新生产力的获得是社会发展最终的决定的因素的基本观点，和信息化、自动控制化、智能化的生产方式的发展趋势，初步显露出来的要求建立的社会关系来看，不论将来定型的、在社会生产中占主导统治地位的社会关系是什么，但它必定具备一个基本特点——和谐。

胡锦涛在中共“十七大”报告中提出的积极构建社会主义和谐社会和推动建设持久和平、共同繁荣的和谐世界的构想。构建和谐社会就是在国内构建公平正义的和谐的社会关系；构建和谐世界就是构建公平正义的和谐的国际关系。胡锦涛提出的构建和谐社会和谐世界的思想，科学地反映了以当代高科技为代表的新生产力的发展及其优越性的发挥的需要，是当代社会发展基本规律的科学反映。为什么这么说呢？我的一段经历，可能有助于从一个侧面、在一定程度上说明社会和谐与高科技是内在统一的，社会和谐反映了以高科技为代表的新生产力及其发展的要求：

1999年2月，我去美国西海岸旧金山湾南湾区的著名的高科技城硅谷带了10个月的孙女。我用童车推着孙女去附近的赛拉公园（serrapark）。到公园后，在小孩玩耍区，见到同我一样的、从我国去带孙子、孙女、外孙、外孙女的爷爷、奶奶、姥爷、姥姥二三十人。在同他们聊天中，了解到从星期一到星期五，每天上午9点多到11点多，他们都去这个公园的小孩玩耍区，让小该玩耍，大人们则聚在一起聊天。我也加入了他们的行列。聊天中常听到他们说自己的儿子、儿媳、女儿、女婿的工作待遇情况和他们自己的感受。他们说的最显著的感受是老板主动给雇员一些好处。

老人们说，招聘雇员，公司对约定需要招聘的异地对象，一般来说，公司都主动负担来面谈的人住宾馆和来回费用。对面谈合格待聘的人，不仅可以商谈年薪多少，公司还会告诉你，会给你一定数量本公司的有一定条件的优惠股票（例如，给股票后，要过四年才能上市出售）。定聘后，公司又主动负担来公司的路费和行李运费。雇员开始工作后，每月可拿出自己的工资的一定比例的钱数，购买公司的优惠股票。为了新雇员在第一次支付工资前有生活费和租公寓的钱，公司可预支给聘定雇员一定数量的钱，等等。

对在职雇员，这些老人们说：“‘过去的一年，你做的工作成绩超过了公司雇你的要求，你应当得到奖励。’这是公司老板在年终考核雇员时，主动找那些工作成绩出色的雇员说的话。”

“‘你的创造性的工作，解决了公司的某些重要问题，给公司带来了效益，公司应给你奖励。’这是公司老板在完成某项重要任务或解决某种难题后，主动找有创造性贡献的雇员说的话。”

奖励多少，和雇员对公司作出的贡献大小，一般是成比例的。奖励的办法多种多样，主要有：①增薪金。经营得好的公司一般都会视头年的效益状况按一定的比例提高雇员的年薪。工作出色的雇员增加的薪金比其他人增加的要多，多出的部分，可多出一倍或更多；有的还提前一月或数月加薪。②奖给本公司的有一定条件的优惠股票，或给认购本公司的一定数量的优惠股票特权。③给奖金。④提升职务或职称。⑤公司付费旅游。⑥有的公司，只要有雇员向公司申报专利项目，公司就给奖金。公司审定可上报专利部门后，又给奖金。专利部门批准后，公司还给奖金，并根据专利价值，还给优惠待遇等。

除此之外，有的企业还给雇员办福利事业。如免费工作餐，幼儿园，配偶生小孩送花篮，给陪伴产妇假等。

这些爷爷、奶奶，姥姥、姥爷看到这些情况，感慨地说：“在硅谷，只要有本事，好好干，就能得到上级的尊重和重视，就有钱赚，用不着送礼走后门。”

“硅谷企业的老板一般比较尊重知识、尊重人才、处事比较公平。这样做，他们就留住了人才，使硅谷高科技企业发展势头持续强劲。”

“青年人总是想实现自我价值的。在硅谷，他们比较容易实现。他们自然就奔这里来了。”

起初，传统观念重的高科技企业老板认为这样主动给雇员好处是愚蠢的。后来，他们看到这样做的高科技企业老板，招揽了人才，留住了人才，发了大财，企业迅速壮大，才发现是自己不了解这种做法的优越性，不过是以己之愚而谓智者为愚罢了。于是纷纷学着这样做。现在，不仅是美国的众多的高科技企业这样做了，而且在世界各地众多的高科技企业，也这样做了。有的企业还出新招。

这些高科技企业老板为什么这样主动给雇员好处呢？经过反复深入思考发现，这是获得了以高科技为代表的新生产力的要求的产物。

企业家一般是遵循以尽可能少的投入，争取尽可能多的利润的效益法则的。他们根据这个法则来决定企业的包括生产方式和主雇关系在内的一切重大问题。在实行效益法则这点上，传统企业和高科技企业是完全相同的。但是，在具体做法上，高科技企业则和传统企业有很大的不同：传统产业的生产力性质、水平和生产方式，决定了适合它实现效益法则的社会关系必定存在着对立、甚至是对抗的因素。高科技产业则与之相反。以高科技为代表的新生产力性质、水平和生产方式，决定了适合它实现效益法则的社会关系，不是对立的，更不是对抗的，而必定是和谐的。为什么会有这样的不同呢？这不是哪些老板发善心的产物，而是以当代高科技为代表的新生产力的发展和优越性的发挥而产生出来的必然的要求。即随着以当代高科技为代表的“新生产力的获得，人们改变自己的生产方式，随着生产方式即保证自己生活的方式的改变，人们也就会改变自己的一切社会关系” 的社会发展基本规律的产物。比较高科技生产方式同传统方式生产有什么不同，有助于说明这个问题。主要有以下五个不同：

（1）生产方式不同。传统企业雇员的生产方式，一般是雇员到上班时间，用老板的原材料、生产设备、生产技术，按照老板的质量要求，进行以体力劳动为主的机械式的劳动的生产方式进行生产，直到下班时间为止。高科技雇员的生产方式则不同。他们一般是面对要攻克的课题，运用相关的知识，发挥创造力的作用，利用计算机来构思、设计、模拟、检验直至攻克，然后把它制成软件，控制生产过程，生产出合格的产品。这种以智力劳动为主的生产方式，雇员要无时无刻地为攻克课题绞尽脑汁，特别是雇员进入到思维活跃，魂牵梦萦的创造境界，是难以自制的。这就很难分出什么时候是上班时间，什么时候是下班时间。这就使传统企业的计时计件工资制用在高科技雇员的身上，很不公平，成了束缚高科技雇员的创造才能的枷锁。对老板来说，就不利于赚钱，不符合效益法则。老板要想赚钱，就不能不主动改革传统的对立的主雇关系和分配方式。

（2）劳动者的投入不同。传统企业是老板买雇员的劳动力，雇员向老板出卖自己的劳动力。雇员的劳动，一般是雇员用老板的原材料、生产设备、生产技术，按照老板的质量要求，在一定的时间内生产出一定数量的合格的产品，老板付给雇员一定的工资。除此之外，老板赚得再多，与雇员无关。雇员即便有想法，也无可奈何。这种生产劳动，一般来说，雇员投入自己的体力和勤奋，就能基本上满足老板实现效益法则的要求。高科技企业则不同，它要实现效益法则，不仅需要雇员的体力和勤奋，而且更需要雇员投入不属于老板的、属于雇员自己投资学来的知识、技能和自己的创造力。雇员的知识，有的甚至是老板不懂的。特别是建立在雇员的一定知识基础上的创造力和创造性灵感，老板是没有条件产生的。这就使老板不能不改变传统的老板对雇员的克扣做法，主动尊重雇员，给雇员较多的利益，使雇员的知识、技能和创造力得到充分的发挥，使雇员感到有奔头。

（3）传统企业老板一般可以不顾及雇员的心态、情绪、积极性。雇员在劳动中是否勤奋认真，老板或老板雇来的工头，在很大程度上是可以监督的。因此，老板对雇员一般采用严格监督的办法，有的甚至克扣虐待雇员。高科技企业老板则不同，由于在高科技劳动中，雇员的知识的运用，创造力的发挥，创造性灵感的产生，只有在雇员能产生良好的心态，自觉的积极性，开拓进取精神的条件下才能产生和进入最佳状态。这是老板用任何监督方法都无法控制的。如果老板对雇员采用监督、克扣、虐待的办法，不仅不能使雇员产生良好的心态、积极的情绪、自觉的积极性，而且必然适得其反，使企业无法实现效益法则。因此，高科技企业为了实现效益法则，老板就必须主动顾及从事高科技劳动的雇员的心态、情绪、积极性；必须主动为雇员创造能产生良好的心态、自觉的积极性和开拓进取精神的环境和条件。

（4）传统企业雇员的劳动成果是一件一件的物质产品，其价值是可精确计算的。高科技雇员的劳动不仅生产出产品，而且更为主要的是还能生产出知识。知识的价值是难以精确计算的。其价值和意义之大，往往是物质产品无法比拟的。

（5）由于高科技生产方式与传统产业的生产方式有上述不同和高科技人才稀少，就在一定程度上从传统企业的老板单向选择雇员，变成了高科技企业的老板和雇员之间的双向选择。

从以上高科技为代表的新生产力的生产方式和主雇关系、同传统产业生产方式和主雇关系的比较和分析中不难看出，使用高科技为代表的新生产力的企业，只要老板这么主动一做，主雇关系就从传统企业的对立、对抗的主雇关系，转变为和谐的主雇关系。这个转变，是高科技为代表的新生产力的发展和优越性的发挥的要求的产物。即以高科技为代表的新生产力，决定了高科技企业的生产方式与传统企业的生产方式的不同；高科技企业的生产方式与传统企业的生产方式的不同，又决定了传统企业老板与雇员之间的对立、对抗的生产关系（社会关系），必定向高科技企业老板与雇员之间的和谐的生产关系转变。没有这种转变，以高科技为代表的新生产力就不能发展，其优越性就不能发挥，高科技企业老板就赚不到钱，更不用说效益最大化，把企业做大做强了。以高科技为代表的新生产力的发展、及其优越性的发挥，就是这样同社会和谐内在统一起来了。前面说的这些经历，不过是那里的老板为了实现效益法则，不自觉地符合了当代的以高科技为代表的新生产力要求构建和谐的社会关系的一个萌芽而已。

随着以高科技为代表的新生产力的发展及其优越性的发挥，以高科技为代表的新生产力必将在全世界的社会生产中占主导地位。随着以高科技为代表的新生产力在全世界的社会生产中占主导地位，和谐的社会关系亦必将在全世界的社会生产中占主导地位。

应当说明的是，1999年时，我仅仅看到不论高科技企业老板的主观愿望如何，只要他们主动这样一做，主雇关系就发生了有利于解放创造力、解放知识转变（见《发明与革新》200年第一期《美国硅谷崛起之谜》）。上述认识，则是2007年党的“十七大”召开后，学习了胡锦涛在党的“十七大”的报告中阐明的关于积极构建和谐社会和谐世界的思想理论后，启发我重新思考1999年那段经历才领悟到的。

构建和谐社会和谐世界是以高科技为代表的新生产力的必然要求，除上述外，还可以说很多道理。例如，一方面，20世纪上半期，帝国主义为了争夺世界霸权，发生了两次世界大战，搞得世界很不和谐。此后，霸权主义、殖民主义直接发动或挑起的国与国、民族与民族之间的各种利益冲突和局部战争，一场未了，又来一场，到了21世纪，还在延续。加上人类面临日趋紧迫人口过多、能源枯竭、物质资源枯竭、生态环境恶化等危机，使这种争夺不断升温加剧。战乱地区的人民群众，没有谁愿意过战乱的日子，真令人有这种恶性循环何时了之感 。另一方面，信息化、自动化、智能化等高科技为代表的新生产力有如此巨大的优越性，而且有永无止境的发展空间。况且核科技的发展已经达到的水平和显示出来的威力，恐怕没有人怀疑，如果一旦发生核战争，就足以毁灭人类自己，毁灭人类赖以生存的地球。从上述情况来看，特别是从高科技已经达到的水平和显示出来的威力及其发展势头来看，是不是可以设想，通过世界人民对霸权主义，殖民主义，强权政治同公平正义的和谐社会和谐世界的比较和选择，总有那么一天，以高科技为代表的新生产力的巨大发展和巨大的优越性的发挥，会使人类认识到，与其依靠强权政治，发动战争，不光彩地去夺取他人的利益，甚至导致人类的自我毁灭，不如依靠构建公平正义的和谐社会和谐世界，不断发展高科技，发挥高科技的巨大优越性，来获取已往靠抢夺得到的东西，来解决人类面临的各种危机和在以后的发展中不断出现的新危机，使人与人、国与国、民族与民族之间的利益争夺变成毫无意义的事情；使人们知道，不论构建和谐社会和谐世界的道路如何艰难、曲折、漫长，和谐社会和谐世界必将成为人类最终的、自然的和必然的选择。

胡锦涛在党的“十七大”的报告中阐明的深入贯彻落实科学发展观，积极构建和谐社会和谐世界的思想理论，就是这样科学地反映了以高科技为代表的新生产力及其发展的必然要求，科学地反映了社会发展基本规律，反映了全国人民和世界人民期盼的心声，科学地发展了马克思的科学地创造历史的创造观。我国的社会主义和谐社会的建设，使我国人民安享越来越丰富充实的物质文明和精神文明，令世人向往不已，必将成为推动和谐社会和谐世界建设的最重要的最强大的力量。

第三节 马克思主义的科学创造历史的创造观的理论和实践的大复兴、大繁荣和大发展

马克思主义的科学创造历史的创造观的复兴和发展，是20世纪70年代末，中国共产党粉碎了“四人帮”，结束了“文化大革命”之后的事情。马克思恩格斯时代共产党不是执政党，他们只能透过历史与现实进行理论探索。现在则不同，中国共产党是中华人民共和国的执政党，是在领导中华人民共和国的国家建设、实现中华民族伟大复兴的实践中，来复兴和发展马克思主义的科学创造历史的创造观的。他们把马克思主义的科学创造历史的创造观转化成国家发展战略和方针政策，付诸实践。下面摘录的中共十一届三中全会以后的三届党中央领导集体核心人物的有关讲话和文献，尽管很不全面，摘录的方法也不一定科学，但反映了他们是怎样结合建设有中国特色的社会主义的实践，大复兴、大繁荣和大发展马克思主义创造观的。

一

以邓小平为代表的党中央领导集体对马克思主义创造观的继承和发展。

1. 从我国生产力的实际状况出发，把我国定位为社会主义的初级阶段。在这个基础上，建设有中国特色的社会主义，实行“一个中心，两个基本点”，逐步实现“四个现代化”的基本路线。

2. 明确“四个现代化，关键是科学技术的现代化。”[20]

邓小平在1978年3月18日召开的全国科学大会的开幕式上说：“在二十世纪内，全面实现农业、工业、国防和科学技术的现代化，把我们的国家建设成为社会主义的现代化强国，是我国人民

肩负的伟大历史使命。”怎样实现四个现代化呢？他说：“四个现代化，关键是科学技术的现代化。”为什么？邓小平说：“现代科学技术正在经历着一场伟大的革命。近三十年来，现代科学技术不只是在个别的科学理论上、个别的生产技术上获得了发展，也不只是有了一般意义上的进步和改革，而是几乎各门科学技术领域都发生了深刻的变化，出现了新的飞跃，产生了并且正在继续产生一系列新兴科学技术。现代科学为生产技术的进步开辟道路，决定它的发展方向。许多新的生产工具，新的工艺，首先在科学实验室里被创造出来。一系列新兴的工业，如高分子合成工业、原子能工业、电子计算机工业、半导体工业、宇航工业、激光工业等，都是建立在新兴科学基础上的。当然，不论是现在或者今后，还会有许多理论研究，暂时人们还看不到它的应用前景。但是，大量的历史事实已经说明：理论研究一旦获得重大突破，迟早会给生产和技术带来极其巨大的进步。当代的自然科学正以空前的规模和速度，应用于生产，使社会物质生产的各个领域面貌一新。特别是由于电子计算机、控制论和自动化技术的发展，正在迅速提高生产自动化的程度。同样数量的劳动力，在同样的劳动时间里，可以生产出比过去多几十倍几百倍的产品。社会生产力有这样巨大的发展，劳动生产率有这样大幅度的提高，靠的是什么？最主要的是靠科学的力量、技术的力量。”㉑

3.提出“科学技术是第一生产力”的著名论断。

根据当代世界新科学技术革命的发展形势，根据当代科学技术在发展生产力、推动社会进步中的突出地位和作用，1988年9月5日，邓小平说：“马克思讲过科学技术是生产力，这是非常正确的，现在看来这样说可能不够，恐怕是第一生产力。”㉒马克思不可能预见到20世纪后半期的世界新科学技术革命的发生和发展，也不可能了解到这种发展在发展生产力、推动人类社会发展中的地位和作用如此急剧提升。邓小平则根据这一新形势，在马克思讲的科学技术是生产力的基础上，进一步提出“科学技术是第一生产力”的著名论断。这就明确了：①科学技术的发明创造成果，总是作为第一个新的生产力元素出现在生产力的发展进程中的。②在当代，我国要建设和发展社会主义，就要搞四化，发展生产力，就要发展生产力诸要素。发展生产力诸要素，第一位要发展的是科学技术。这就进一步巩固了实现四化的关键是科学技术的现代化的战略地位，明确了实现四个现代化的根本道路。

4.把“尊重知识、尊重人才”作为党的思想建设的重要组成部分。

1977年5月24日，邓小平说：“一定要在党内造成一种空气：尊重知识，尊重人才。要反对不尊重知识分子的错误思想。”㉓贯彻邓小平的这一思想，就从党的领导上，使实现四化、落实科教兴国的战略，有了人才保障。

5.明确改革科技体制和经济体制的关系，指出两个改革最重要的是人才。

邓小平说：“经济体制，科技体制，这两方面的改革都是为了解放生产力。新的经济体制，应该是有利于科技进步的体制。新的科技体制，应该是有利于经济发展的体制。……改革经济体制，最重要的、我最关心的，是人才。改革科技体制，我最关心的，还是人才。人才问题，别的不说了，今天就讲两点。第一，能不能每年给知识分子解决一点问题，要切切实实解决，要真见效。第二，要创造一种环境，使拔尖人才能够脱颖而出。改革就是要创造这种环境。人才是有的。不要因为他们不是全才，不是党员，没有学历，没有资历，就把人家埋没了。善于发现人才，团结人才，使用人才，是领导者成熟的主要标志之一。”㉔

6. 人才培养要重视智力开发。

邓小平为景山学校题词："教育要面向现代化，面向世界，面向未来。"这就指了科教兴国的着眼点、出发点和落脚点和战略目标。

邓小平指出："我们现在在科学技术方面的创造，同我们这样一个社会主义国家的地位是很不相称的。"[25]为了改变这种状况，他不仅尊重科学家和尊重他们提出来的发展科学技术的各种建议，及时为他们的建议作出批示，给予大力支持，而且，他说"智力开发是很重要的。"[26]他还要求有关部门，"要从科技系统中挑选出几千名尖子人才。这些人挑选出来之后，就为他们创造条件，让他们专心致志地做研究工作。"[27]这里讲的研究工作，就是要他们搞创造，搞科学发现，技术发明。要他们发现前人没有发现的科学理论和发明前人没有发明的技术和方法、或是要他们搞他人已作出的发现和发明，自己得不到而又需要，只有自己去作这类发现和发明。

7. 提出"要利用外国的智力"[28]

1983年，在"文化大革命"的流毒还没有完全肃清、四个现代化建设刚刚起步的情况下，提出"要利用外国的智力"这样的口号，不言而喻，不仅要有很高的政治智慧和远见卓识，而且要有巨大的政治勇气。正是在这个指导思想的指引下，我国的科学技术的国际交流和合作、引进外国专家学者等诸多方面，开辟了广阔天地，加快了四化建设的步伐。

二

以江泽民为代表的党中央领导集体，指出我们党是代表先进生产力的发展要求、代表先进文化的前进方向、代表广大人民群众的根本利益的。这"三个代表"本身，就要求与时俱进，就体现了马克思主义创造观。他从"三个代表"出发，对创新、特别是科技创新提出了许多反映时代要求和国家建设需要的极具特色的重要思想，进一步丰富和发展了马克思主义创造观。主要有：

1. 科技创新是每个民族、国家、政党生存和发展的根基。

(1) 从人类、民族、国家、政党的发展进步的高度强调创新的重要。

江泽民说："科学技术是人类创造性劳动的产物，是认识与改造世界的智慧结晶。"㉙"科学的本质就是创新。创新是一个民族进步的灵魂，是一个国家兴旺发达的不竭动力。整个人类历史，就是一个不断创新、不断进步的过程。没有创新，就没有人类的进步，就没有人类的未来。"㉚在另一篇文章中说：创新"也是一个政党永葆生机的源泉。"㉛

(2) 根据世界新科技革命发展的形势，强调增强科技实力的重要。江泽民说："世界科学技术正在经历一场巨大的革命。科学技术的实力越来越决定着一个国家综合国力的强弱和国际地位的高低。"㉜

(3) 指出21世纪，科技创新将进一步成为经济和社会发展的主导力量。

江泽民说："科技领域的革命性变革，不仅通过推动生产力发展有力地作用于人们的生产和生活方式，而且必将深刻地影响下个世纪的世界政治、经济、文化和军事格局。对此，我们要有足够的估计。"㉝

"21世纪，科技创新将进一步成为经济和社会发展的主导力量。在新的世纪里，科技与经济和社会发展的结合将更加紧密。新的科学发现和技术发明，特别是高科技的不断创新及其产业化，将对全球化的竞争和综合国力的提高、对世界的发展和人类文明的进步，产生更加巨大而深刻的影响。社会生产方式和产业结构，生产工具、劳动者

素质等生产力要素以及人们的生活方式和思想观念，都将发生新的革命性变化。对此，我们应有充分的估计和认识。”㉞

(4)强调我国比以往任何时候更加注意加速科技进步，加强科技创新。

①指出大力推动科技进步，加强科技创新，是事关祖国富强和民族振兴的大事。

“无论从世界发展变化还是从国内改革和建设的要求来看，我们都需要比以往任何时候更加注意加速科技进步，加强科技创新。当今世界各国综合国力竞争的核心，是知识创新、技术创新和高新技术产业化。”㉟国内改革和建设的要求是什么？江泽民说：“从现在起到下世纪的前十年，是我国社会主义现代化建设实现第二步战略目标，并向第三步战略目标迈进的关键时期。在这个时期，我们必须全面确立比较完善的社会主义市场经济体制，必须更好地保持国民经济持续快速健康发展。这些都离不开科学技术的大发展。无论是解决产业结构不合理、技术水平落后、劳动生产率低、经济增长质量不高等问题，还是推动农业经济发展、创造国有企业的新优势、提高人民的生活水平，无论是发展高新技术产业、形成国民经济新的增长点，还是提高全民族的科学文化素质、推动社会全面进步，我们都面临着许多艰巨的任务。要完成这些艰巨的任务，都需要加速科技进步与创新。同时，在全球市场竞争日趋激烈的情况下，要增强我国经济抗御各种风险冲击的能力，也要依靠科技进步与创新来提高增长的质量与效益。总之，离开科技进步与创新，我们就难以保持经济社会的持续稳定发展，就难以实现跨世纪的现代化建设目标。

“全党同志和全国各族人民都要牢记，全面实施科教兴国战略，大力推动科技进步，加强科技创新，是事关祖国富强和民族振兴的大事。”[36]

②应对国际人才和知识竞争格局提出的挑战和机遇，指明谁在知识和科技创新上占优势，谁就在发展上占据主导地位上。

江泽民说：“当今的国际经济和科技竞争，越来越围绕人才和知识的竞争展开。发展的优势蕴藏于知识和科技之中，社会财富日益向拥有知识和科技优势的国家和地区聚集，谁在知识和科技创新上占优势，谁就在发展上占据主导地位。这种发展格局，对于第三世界的广大国家来说，既提供了利用高科技和先进知识超越传统发展模式的有利机遇，又提出了前所未有的严峻挑战。中国作为发展中的社会主义国家，能不能及时抓住这种机遇，不断增强自己的综合国力和国际竞争能力，有效地战胜各种挑战，这是一个关系我们党、国家和民族的前途命运的重大考验。”[37]“面对世界经济和科技发展的新形势，我们必须在全国兴起一个科技进步和创新的高潮，必须坚持创新、创新、再创新。”[38]

③指出创新是全面实施科教兴国战略的关键，要树立全民族的创新意识，建立国家的创新体系。

江泽民说：“全面实施科教兴国战略，加速全社会的科技进步，关键是要加强和不断推进知识创新、技术创新。我曾经说过，创新是民族进步的灵魂，是国家兴旺发达的不竭动力。科技创新越来越成为当今社会生产力解放和发展的重要基础与标志，越来越决定着一个国家、一个民族的发展进程。如果不能创新，一个民族就难以兴盛，难以屹立于世界民族之林。对这个问题，不仅各级领导干部要有很强的政治意识，而且要使全社会都树立这样的意识。”[39]他说：“中华民族是勤劳智慧的民族，也是富于创新精神的民族，现在我们更要十分重视创新。要树立全民族的创新意识，建立国家的创新体系，增强企业的创新能力，把科技进步和创新放在更加重要的战略位置，使经济建设真正转移到依靠科技进步和提高劳动者素质的轨道上来。”[40]他还提出，建立国家创新体系要抓住国家极需项目进行突破，要有所为有所不为，要建立创新激励机制。

④强调增强自主创新能力，在科技方面掌握自己的命运。

江泽民说：“我们也必须清醒地认识到，世界上有些最先进的技术是买不来的。当代世界科技进步日新月异，技术更替不断加速。今天称得上先进的技术，不久就有可能变为落后的。创新是一个民族进步的灵魂，是一个国家兴旺发达的不竭动力。如果自主创新能力上不去，一味靠技术引进，就永远难以摆脱技术落后的局面。一个没有创新能力的民族，难以屹立于世界先进民族之林。作为一个独立自主的社会主义大国，我们必须在科技方面掌握自己的命运。”[41]

“发展高技术，要始终突出自主创新。”[42]

“我国是一个发展中的社会主义大国，在一些战略性、基础性的重大科技项目上，必须依靠自己，必须拥有自主创新的能力和自主知识产权。不能靠别人，靠别人是靠不住的。如果在这方面我们不能尽快取得突破，一味地依赖别人，一旦发生什么情况，我们就很难维护国家安全。世界历史上曾经有过许多通过技术创新后来居上的成功范例，我国在一些领域也有这样的范例。现在我们已具备在一些领域实现技术跨越式发展的基础和条件。关键是要在学习、消化和吸收国外先进技术的同时，加强自主创新，加强人才培育，加强创新基地建设，提高企业的创新能力，掌握科技发展的主动权，在更高的水平上实现技术发展的跨越。”[43]

⑤坚持马克思主义，最重要的就是要坚持马克思主义的科学原理和科学精神、创新精神。

江泽民说：“马克思主义是最讲科学精神、创新精神的。坚持马克思主义，最重要的就是要坚持马克思主义的科学原理和科学精神、创新精神，善于根据客观情况的变化，及时察觉和研究前进中的新情况新问题，不断从人民群众在实践中创造的新鲜经验中吸取营养，不断改进和完善我们的工作。”[44]“创新，包括理论创新、体制创新、科技创新及其他创新。二十多年来，我们党领导人民进行改革开放和现代化建设取得的伟大成就都是与我们不断进行的理论创新、体制创新、科技创新等分不开的。”[45]

⑥指明21世纪科学研究应更加重视与人类前途命运攸关的全球性问题。

江泽民说：“在21世纪，信息科学和生命科学将是最活跃、发展最迅速、影响最广泛的科技领域，生物技术、新材料、先进制造技术、洁净高效能源、航空航天、环境保护领域将不断取得新突破，人类将继续不断拓展宇宙空间、海洋、地球深部的研究探索，将更加注重人、自然、社会的协调发展。现代科学技术的进步，开拓了许多过去难以想象的新领域，光子计算机、生物计算机、量子计算机的研究，就是例子。在下个世纪里，科学研究应更加重视与人类前途命运攸关的全球性问题，尤其要加强跨学科交叉研究，进一步走向极端条件与物质本原、系统综合与统一，进一步加强科学与技术的相互渗透和融合，形成新科学的重要生长点。”[46]

三

胡锦涛为核心的党中央领导集体，在建设有中国特色社会主义和“三个代表”等思想理论的基础上，与时俱进，进一步丰富和发展了马克思主义的创造观。在本书的前言中，我们已经引用胡锦涛2006年6月5日在中国科学院第十三次院士大会和中国工程院第八次院士大会上的讲话，来说明解放人民群众的创造力的历史使命已经落在中国人民的肩上。除此之外，到2008年3月3日为止，我们看到的他对马克思主义创造观的辉煌贡献主要有：

1.提出深入贯彻落实科学发展观的重大战略思想。

以胡锦涛为核心的党中央领导集体，在党的“十七大”报告中，提出深入贯彻落实“第一要义是发展，核心是以人为本，基本要求是全面协调可持续，根本方法是统筹兼顾”的科学发展观的重大战略思想。指出科学发展观的理论，是党的三代中央领导集体关于发展的重要思想的继承和发展，是马克思主义关于发展的世界观和方法论的集中体现，是同马克思主义、邓小平理论和“三个代表”重要思想既一脉相承又与时俱进的科学理论。其重要意义在于它从根本上总结了我党过去发生的各种失误，无不是不能科学地认识和处理党的事业的发展，指出今后我党的发展、我国经济社会的发展，必须坚持科学发展总的指导方针，是发展中国特色社会主义、夺取全面建设小康社会新胜利必须坚持和贯彻的重大战略思想。

2.把加强自主创新，建设创新型国家，确立为我国的重大战略目标，并把它真正摆在国家发展战略的核心地位上。

2006年1月9日，党中央在新世纪召开的第一次科学技术大会上，胡锦涛明确坚定地指出：“加强自主创新，建设创新型国家，是我们党综合分析世界发展大势和我国所处的历史阶段提出的面向未来的重大战略。大力提高原始创新能力，集成创新能力和引进消化吸收再创新能力，转变经济增长方式，提升生产力水平，提高利用科技手段解决当前和未来我国经济社会发展重大问题的能力。加强自主创新，建设国力强盛、生机勃勃的创新型国家，既需要广大科技人员的艰苦努力，更需要全社会广泛参加和大力支持。党中央、国务院作出的建设创新型国家的决策，是事关社会主义现代化建设全局的重大战略决策。建设创新型国家，核心就是把增强自主创新能力作为发展科学技术的战略基点，走出中国特色自主创新道路，推动科学技术的跨越式发展；就是把增强自主创新能力作为调整产业结构、转变增长方式的中心环节，建设资源节约型、环境友好型社会，推动国民经济又快又好发展；就是把增强自主创新能力作为国家战略，贯穿到现代化建设各个方面，激发全民族创新精神，培养高水平创新人才，形成有利于自主创新的体制机制，大力推进理论创新、制度创新、科技创新，不断巩固和发展中国特色社会主义伟大事业。”

胡锦涛在中共“十七大”报告中说：“提高自主创新能力，建设创新型国家。这是国家发展战略的核心，是提高综合国力的关键。要坚持走中国特色自主创新道路，把增强自主创新能力贯彻到现代化建设各个方面。”

在2007年12月12日，胡锦涛在庆祝我国首次月球探测工程圆满成功大会上的讲话中说：“必须坚持自主创新，着力建设创新型国家。当今时代，科学技术特别是战略高技术已经成为综合国力竞争的焦点。提高自主创新能力，是国家发展战略的核心，是提高综合国力的关键。”

3. 把“推动科学发展，促进和谐社会”作为建党治国方略。

胡锦涛在中共“十七大”报告中说：“深入贯彻落实科学发展观，要求我们积极构建社会主义和谐社会。社会和谐是中国特色社会主义的本质属性。科学发展和社会和谐是内在统一的。没有科学发展就没有社会和谐，没有社会和谐也难以实现科学发展。构建社会主义和谐社会是贯穿中国特色社会主义事业全过程的长期历史任务，是在发展的基础上正确处理各种社会矛盾的历史过程和社会结果。”

4. 实施人才强国战略。

胡锦涛在庆祝我国首次月球探测工程圆满成功大会上的讲话中

说："必须坚持实施人才强国战略，着力培养造就高素质人才队伍。国以才立，政以才治，业以才兴。人才是事业发展最可宝贵的财富。人才问题是关系党和国家事业发展的关键问题。当今世界的综合国力竞争，归根到底是人才特别是高素质创新型人才的竞争。"

上述三届党中央领导集体，就是这样结合当代我国和世界的实际，扛起科技创造的历史杠杆，使马克思恩格斯的创造观大复兴、大发展、大繁荣，推动了我国经济社会发展，取得了举世瞩目的空前伟大的成就。

毫无疑问，用邓小平、江泽民、胡锦涛的马克思主义创造观来武装我国人民群众，就必能极大地提高人民群众解放创造力的使命感、责任感、自觉性和积极性，必能极大地提高人民群众自主创新意识和能力，更好地深入贯彻落实科学发展观，全面实现科教兴国、把我国建设成为创新型国家的战略，推动我国经济社会发展和促进社会主义和谐社会建设，更快地提高综合国力，为中华民族的伟大复兴，推动和谐世界的发展，为人类和平和发展作出更大的贡献。

几点遐想

一

是否可以这样认为，在人类进化的长河中有三次大解放：1. 从猿进化成人，即从动物界中解放出来成为人类；2. 从沉重的体力劳动中解放出来；3. 创造力的解放。

在人类进化历史上，已经发生过两次大解放：

第一次大解放是恩格斯说的，人类的猿类祖先从动物界中解放出来，提升为人类。这次解放经过了约600万年，人类的猿类祖先创造了工具，进而创造了劳动，使人类的猿类祖先从适应自然的方式来生存发展，发展为改造自然的方式来生存发展，进化成人，形成了人类社会。

此后，人类便开始了第二次大解放，即从沉重的体力劳动中求解放。这就是：一方面，人类为了获取更多、更好、更丰富多彩的物质生产资料和生活资料，不能不进行沉重的体力劳动；另一方面，人类既想获取更多、更好、更丰富多彩的物质生产资料和生活资料，又想减轻沉重的体力劳动，不断发明创造新的生产工具和技术，创新生产方式和社会关系。这就在客观上形成了从沉重的体力劳动中求解放的运动。可以说人类创造的历史，实际上也是人类从沉重的体力劳动中求解放的历史。这种解放运动的历史久远，但在以前，人们始终看不到实现这种解放的可能。直到20世纪中后期，世界新科学技术革命的发生和发展，电子计算机和以电子计算机为基础的信息技术、自动控制技术、智能技术等一系列的科学技术发明创造出来和不断飞速发展，形成了新生产力，不仅使人类具有获取越来越多、越来越好、越来越丰富多彩的物质生产资料和生活资料的能力，而且使人类具有从沉重的体力劳动中解放出来的能力，才使这种解放有了决定性的突破，显示出来了这种解放的曙光。

由于要实现从沉重的体力劳动中解放出来，仅有这种能力是远不够的，还要有相应的社会环境。由于当前还缺乏相应的社会环境，使人类虽有实现这种解放能力，却难以使这种解放变成现实。但是，有了这种新生产力为物质基础和前提条件，从沉重的体力劳动中解放出来的社会环境必定构建出来。这就要积极构建和谐社会和谐世界，这是一个“随着新生产力的获得，人们改变自己的生产方式，随着生产方式即保证自己生活的方式的改变，人们也就会改变自己的一切社会关系”的必然过程。人类从沉重的体力劳动中解放出来的前途是光明的。

第三个大解放是解放人的创造力。

虽然绝大多数人还没有认识到自己的创造力为各种主客观因素所束缚，看不到解放创造力的历史使命已经落在当代人的肩上，但是，解放创造力的客观要求已经显现出来，并且已经具备实现这种解放的物质基础和动力。主要表现是：

其一，人类有以较小的代价，获取越来越多、越来越好、越来越丰富多彩的物质文化生活、争取更加美好前途的强烈愿望。要实现这个愿望，就要创新。要创新，就要解放创造力。这就使解放创造力有了前提和动力。

其二，科学技术创造在当代社会及其发展中的与日俱增的无比重要地位和作用，必定砥砺有社会责任感的人解放创造力，进行创造。

其三，当代人类面临的各种危机，如人口过多危机、资源短缺危机、能源短缺危机、生态环境危机等，最终都只有靠科技创造才能解决。这就迫使人们不能不去解放创造力，进行创造。

其四，当代国际间，政治、经济、军事竞争空前激烈，竞争胜负，最终取决于科技创造的质量和数量。正如胡锦涛在庆祝我国首次月球探测工程圆满成功大会上的讲话中说的：“必须坚持自主创新，着力建设创新型国家。当今时代，科学技术特别是战略高技术已经成为综合国力竞争的焦点。提高自主创新能力，是国家发展战略的核心，是提高综合国力的关键。”这就告诉我们，要想在竞争中立于不败之地，就得自主创新。为此，人们不能不去解放创造力，进行创造。

现在全世界都实行市场经济，我国实行社会主义市场经济。市场经济的一个基本特点就是优胜劣汰的竞争。企业只有不断创新，才能在市场竞争中有立足之地。这就迫使企业不能不去解放创造力，自主创新。

其五，在当代，人们享受着历史上从来没有过的、五花八门、不断更新、目不暇接、越来越好的发明创造成果，又看到创造者获得丰厚的回报。这就必然鼓励人们解放创造力，进行创造。

其六，现代科学技术为人们进行创造活动开辟了越来越广阔的空间，提供了越来越先进的创造手段，越来越能提高创新的成功率，减少风险，这就鼓励和推动人们勇于创新，科学创新。

其七，具有远见卓识的人们，尤其是国家领导人，在激烈的经济、政治、军事实力的竞争中，认识到科技创新的重要，组织各种创新工程，抢占科技制高点，特别是我国富有远见卓识、代表人民根本利益、代表先进生产力，代表社会发展方向的杰出的国家领导人，继承和发展了马克思主义创造观，用马克思主义创造观来武装全国人民，把科学发展观、自主创新、建设创新型国家，放在国家发展战略核心地位。不断针对关系国计民生、国家安危及关系人类命运前途的重要科学技术领域，有组织、有目标、有时限地实施科技发展规划，从人才培养、人才使用、经济保障、科研设备、后勤服务、组织制度、政策法律等方面推动和保障自主创新，特别是党中央提出的构建和谐社会和谐世界的思想理论的推进，必将为我国人民抓住机遇期，延长机遇期，为解放我国人民的创造力，自主创新，创造越来越好的国内国际环境和条件。

以上诸点表明，人类发展的历史，必将进入解放创造力的新阶段。

二

当代经济是什么经济，有很多说法，例如“知识经济”。在众多的说法中，有个在美国硅谷的中国台湾省籍企业家，1999年发表文章说，现代经济是“智能经济”。他的“智能经济”提法，更能反映当代经济社会发展的本质。“智能经济”自然要求解放创造力。

三

对21世纪是什么世纪，也有很多说法，例如生物世纪、太空世纪、海洋世纪等。如果从什么是当代人类社会发展走向和决定人类未来走向的根本因素的大势来看，可以说21世纪是创造的世纪，解放创造力的世纪。甚至可以说，未来的世纪都是创造的世纪，解放创造力的世纪。

注：

①马克思恩格斯选集.3.1.北京：人民出版社，1972:508.

②同上，第517页。

③同上，第513页。

④马克思恩格斯选集.4254页.

⑤马克思恩格斯与自然科学.北京：人民出版社，1982:6.

⑥马克思恩格斯与自然科学.北京：人民出版社，1982:4.

⑦马克思恩格斯与自然科学.北京：人民出版社，1982:7.

⑧马克思恩格斯与自然科学.北京：人民出版社，1982:8.

⑨马克思恩格斯与自然科学.北京：人民出版社，1982:13

⑩马克思恩格斯与自然科学.北京：人民出版社，1982:12.

⑪马克思恩格斯与自然科学.北京：人民出版社，1982:12.

⑫马克思恩格斯与自然科学.北京：人民出版社，1982:13.

⑬马克思恩格斯与自然科学.北京：人民出版社，1982:15.

⑭马克思.资本论.1:168.

⑮马克思恩格斯与自然科学.北京：人民出版社，1982:4.

⑯马克思恩格斯与自然科学.北京：人民出版社，1982:2.
⑰马克思恩格斯与自然科学.北京：人民出版社，1982:2.
⑱马克思恩格斯与自然科学.北京：人民出版社，1982:16.
⑲马克思恩格斯与自然科学.北京：人民出版社，1982.17.
⑳邓小平文选.北京：人民出版社，1994年:86.
㉑邓小平文选.2:87.
㉒邓小平文选.3:275.
㉓邓小平文选.2:41.
㉔邓小平文选.3:108—109.
㉕邓小平文选.2:90.
㉖邓小平文选.3:26.
㉗邓小平文选.2:40—41.
㉘邓小平文选.3:32.
㉙江泽民论科学技术.北京：人民出版社，144.
㉚江泽民论科学技术.北京：人民出版社，215页—216.
㉛江泽民论科学技术.北京：人民出版社，199.
㉜江泽民论科学技术.北京：人民出版社，64.
㉝江泽民论科学技术.北京：人民出版社，120.
㉞江泽民论科学技术.北京：人民出版社，145.
㉟江泽民论科学技术.北京：人民出版社，145.
㊱江泽民论科学技术.北京：人民出版社，146.
㊲江泽民论科学技术.北京：人民出版社，132.
㊳江泽民论科学技术.北京：人民出版社，224.
㊴江泽民论科学技术.北京：人民出版社，147.
㊵江泽民论科学技术.北京：人民出版社，101.
㊶江泽民论科学技术.北京：人民出版社，55.

㊷江泽民论科学技术.北京：人民出版社，71.

㊸江泽民论科学技术.北京：人民出版社，152.

㊹江泽民论科学技术.北京：人民出版社，193.

㊺江泽民论科学技术.北京：人民出版社，199.

㊻江泽民论科学技术.北京：人民出版社，214. 马克思恩格斯选集.北京：人民出版社，242.

后 记

1949年暑假后，我从桂林国立汉民中学转学到贵阳中山中学读高中三年一期。在解放贵阳前夕的混乱中，发给我一张高中毕业的证书，这就是我的文化程度，决定了我的写作水平必然很低。

贵阳解放后的半个月中，我受解放军入城后的严明纪律、为人民服务的实际行动的深刻影响，参加中国人民解放军二野军大五分校学习。1950年3月，调空军成都预科总队学习。10月，调空军第六航空学校（现名第六航空学院）工作。当过文化教员，宣传干事，大队副政委。这段经历，为我转业到地方教书和搞科研创造了良好的条件。

邓小平说，他要为科学和教育当“后勤部长”。我就是听了他的这句话，下决心转业教书的。1979年9月，我年逾五十，转业到老伴张书香工作的河北化工学院（今河北科技大学）教了10年的转业前听都没有听说过的学科《自然辩证法》。其间接触到思维科学和创造学，结合教学探讨解放创造力问题。1989年2月，年满六十退休，深感这个问题有研究的必要，就继续探讨和写作，到2011年终于完成《解放创造力》书稿。党的十一届三中全会后我国的解放思想，拨乱反正，改革开放等一系列的划时代的伟大发展，使我有了写出这个本书的动力和客观基础。

1999年2月，正好是我满70岁的那天，我和老伴应儿子易兵、儿媳李巍巍之约，赴美国硅谷带了10个月的孙女易蕙。在那里，像我一样的、从我国去硅谷带小孩的老人颇多。从这些老人们的谈话中，使我了解到那里的高科技企业的主雇关系的一些做法与传统企业的做法有很大的变化，启发我进一步去探索产生这种变化的原因，了解到高科技企业的做法的实质就是解放创造力，坚定了我对

《解放创造力》一书的写作。2004年11月，又去带了近15个月的孙子易强，我对高科技企业的主雇关系又作了进一步的探索，有助于我对解放创造力问题的探讨和对本书的写作。

我开始写《解放创造力》一书时，儿媳林景帮我买了一令稿纸。我写了又撕，撕了又写，稿纸撕了一半，一章也没有写成。但这种写了又撕，撕了又写的反反复复的写作过程，也是我对探讨的问题进行反复思考的过程。在这个反复思考的过程中，使我得到许多新认识。2006年年初，儿子易军给了我一个笔记本电脑。这年，孙子易林到我家度暑假，教我用汉王笔在电脑上写文章，使我的写作进度大增，终于在82岁时，写成此书。儿媳张艳对此书文字作了修改。

写此书的过程中，刘鹏、陈春风、吕士清、乔显浩、张红平等同志给了我很多鼓励和帮助，在此向他们表示感谢。

易达武

e-mail：yidawu1929@163.com